LE

PANTHÉON EGYPTIEN

SAINT-QUENTIN. — IMPRIMERIE JULES MOUREAU.

LE
PANTHÉON ÉGYPTIEN

PAR

PAUL PIERRET

CONSERVATEUR DU MUSÉE ÉGYPTIEN DU LOUVRE

Illustré de 75 Dessins, par J. Schmidt

PARIS

ERNEST LEROUX, ÉDITEUR

LIBRAIRE DE LA SOCIÉTÉ ASIATIQUE
DE L'ÉCOLE DES LANGUES ORIENTALES VIVANTES
DE LA SOCIÉTÉ DE L'ORIENT LATIN, ETC.

28, RUE BONAPARTE, 28

—

1881

TABLE

CHAPITRE V

LE SOLEIL NOCTURNE

CHAPITRE VI

RENAISSANCE DU SOLEIL

AVANT-PROPOS

Dans un Essai publié l'an dernier, j'ai ébauché une vue d'ensemble de la mythologie égyptienne que je reprends aujourd'hui pour en faire le canevas sur lequel vont se dessiner les nombreuses figures du Panthéon. J'y consigne les observations nouvelles que mes lectures m'ont suggérées et les textes dans lesquels j'ai trouvé la confirmation de ma manière de comprendre la religion égyptienne. En cette matière difficile, chaque auteur ne croit, d'ordinaire, qu'aux théories qu'il a émises; c'est un penchant très naturel et rien n'est plus louable que la foi dans la thèse qu'on soutient; le mal serait de fermer l'oreille aux conjectures d'autrui et de les repousser *à priori* parce qu'elles ne concordent pas avec les nôtres. Je n'espère pas emporter d'assaut la conviction de mes savants confrères; je leur demande simplement d'apporter une attention soutenue à la lecture de ce volume que j'ai fait très court à dessein, sans référence aucune aux données de l'antiquité classique, qui ne s'appuie que sur les monuments et recevra d'eux sa consécration.

5 Septembre 1880.

INTRODUCTION

Bien que la croyance en Dieu ne soit pas à l'ordre du
jour, nous sommes bien forcés de l'admettre historique-
ment lorsqu'elle se présente à nous. Toutefois si l'on
a eu raison de dire que l'homme est un animal religieux,
on doit reconnaître que le premier vol de sa pensée n'a
pu l'élever à la conception d'un dieu abstrait. Perdu au
milieu de la création, frappé de sa petitesse et de son
impuissance, il adressa ses premières adorations au ton-
nerre dont le fracas l'épouvantait, aux vents qui le bal-
lottaient sur la mer, à la mer elle-même, aux fleuves, aux
montagnes, aux animaux qu'il ne pouvait dompter et dont
il redoutait l'attaque, c'est ce qu'on appelle le natura-
lisme et le fétichisme, — au soleil, à la lune et aux
constellations, — c'est le sabéisme. Les Égyptiens n'échap-
pèrent pas plus que d'autres à ces superstitions de l'igno-
rance primitive : leur mythologie a gardé l'empreinte
d'un sabéisme très accentué. Le soleil fut vénéré dans la
vallée du Nil comme le dispensateur de la lumière et de
la vie, comme le souverain de l'univers; puis, lorsque
l'esprit se fut haussé à la notion abstraite de la divinité,
on en vit le symbole dans l'astre du jour. Fétichisme,
polythéisme, monothéisme, telles sont les trois étapes de

la pensée religieuse. Malheureusement, les Égyptiens semblent s'être fait une loi de nous dérober leurs premiers tâtonnements en toutes choses, et leurs monuments les plus anciens nous les montrent déjà parvenus à l'idée monothéiste, en même temps qu'on les y voit en possession d'une civilisation en plein épanouissement, avec une langue complétement formée. Ils sont monothéistes sous une apparence polythéiste. C'est ce qu'ont reconnu mes devanciers les plus autorisés. Champollion-Figeac, interprétant les idées de son frère, écrivait dans son Égypte ancienne (p. 245) : « Quelques mots peuvent suffire pour « donner une idée vraie et complète de la religion égyp-« tienne : c'était un monothéisme pur, se manifestant « extérieurement par un polythéisme symbolique. » — « La religion égyptienne, a dit Emmanuel de Rougé [1], « comprend une quantité de cultes locaux. L'Égypte que « Ménès réunit tout entière sous son sceptre, était divisée « en nomes ayant chacun une ville capitale ; chacune de « ces régions avait son dieu principal désigné par un nom « spécial ; mais c'est toujours la même doctrine qui revient « sous des noms différents. Une idée y domine : celle d'un « dieu un et primordial ; c'est toujours et partout une « substance qui existe par elle-même et un dieu inacces-« sible. »

D'après M. Chabas [2], « le dieu unique, existant avant « toutes choses, celui qui représente l'idée pure et abs-« traite de la divinité, n'est pas nettement spécialisé « par un personnage unique du vaste panthéon égyptien. « Ni Ptah, ni Seb, ni Thot, ni Ra, ni Osiris, ni aucun « autre dieu ne le personnifie constamment ; cependant, « les uns et les autres sont parfois invoqués dans des « termes qui les assimilent intimement au type suprême ;

1. Conférence sur la religion des anciens Égyptiens, p. 13.
2. Calendrier des jours fastes et néfastes, p. 107.

« les innombrables dieux de l'Égypte ne sont que des at-
« tributs ou des aspects différents de ce type unique. »

Selon M. Maspero [1], « les noms variés, les formes in-
« nombrables que le vulgaire est tenté d'attribuer à autant
« d'êtres distincts et indépendants, n'étaient pour l'ado-
« rateur éclairé que des noms et des formes d'un même
« être. Tous les types divins se pénétraient réciproque-
« ment et s'absorbaient dans le Dieu suprême. Leur
« division, même poussée à l'infini, ne rompait en aucune
« manière l'unité de la substance divine ; on pouvait mul-
« tiplier à volonté les noms et les formes de Dieu, on ne
« multipliait jamais Dieu. »

Les textes nous montrent en effet que les Égyptiens
croyaient à un Dieu *unique, sans second, infini, éternel.*
Cependant, au moment même où les scribes traçaient sur
le papyrus ou gravaient sur la pierre les inscriptions qui
affirmaient cette croyance et qui sont entre nos mains,
des artistes sculptaient des dieux à tête d'épervier, de
bélier ou de crocodile ; des déesses à tête de lionne, de
chatte ou de vache ; est-il raisonnable d'en conclure, con-
trairement à ce que l'histoire nous a appris sur les
phases de l'évolution religieuse, que le monothéisme ré-
gnait dans un même pays concurremment avec le fétichisme, que le même peuple qui comprenait la divinité
comme *inaccessible, invisible, cachant son nom et sa forme,*
adorait des éperviers, des béliers, des crocodiles, des
lionnes, des chattes et des vaches ? Et remarquez que ce
ne sont pas seulement des animaux qu'il aurait adorés,
mais des êtres monstrueux, fantastiques, impossibles, des
hommes à tête d'oiseau ou de quadrupède, à corps de
scarabée, des serpents à jambes humaines, etc. C'est inad-
missible. Il faut voir dans ces figures étranges de véri-
tables groupes hiéroglyphiques, des idéogrammes, des

1. *Histoire ancienne des peuples de l'Orient,* p. 28, 29.

symboles : c'est ainsi que dans la figure composite ci-dessous, reproduite d'après un fragment de toile peinte du Louvre[1], on a accumulé sur un seul personnage divin la

plupart des signes représentatifs du symbolisme solaire, sans avoir eu l'intention d'en faire un Dieu spécial et ca-ractérisé. Le dieu-soleil est représenté par un épervier ou par un homme à tête d'épervier, parce que la course de l'astre dans le ciel était comparée au vol de cet oiseau ; la déesse mère allaitant le dieu fils porte une tête de vache parce que la tête de vache explique sa fonction de nour-rice, etc. Ces animaux, employés comme symboles, sont devenus sacrés par ce seul fait qu'ils ont eu l'honneur de servir de vêtement à la pensée religieuse. Il a dû sans doute en résulter que le vulgaire ignorant, ne voyant rien au delà de l'idole qu'on lui mettait sous les yeux, fut

1. Presque tous les dessins de cet ouvrage sont des reproductions de monuments du Louvre.

maintenu par le despotisme des prêtres dans un abject fétichisme, mais les initiés ne reconnaissaient qu'un dieu unique et caché qui a créé le monde, qui en maintient l'harmonie par la course quotidienne du soleil, et qui est la source du Bien. Les divers personnages du panthéon matérialisent les rôles divers, les fonctions de ce dieu abstrait qui conserve dans chacune de ces formes, si nombreuses et si infimes qu'elles soient, son identité et la plénitude de ses attributs [1].

1. Le fractionnement, le morcellement de la divinité va jusqu'à l'infiniment petit : les génies, les chacals, les 𓀀 et 𓀀 qui traînent la barque solaire, hommes divinisés, suivants d'Osiris, etc., sont des rôles de Dieu ; ces chacals, comme les ailes qui les remplacent 𓆸 représentent la marche du soleil.

Les compositeurs de textes religieux nomment souvent tel dieu de préférence à tel autre, uniquement parce qu'ils ont un effet de style à produire. Si nous lisons dans la stèle de Metternich que « les jambes du lion sont les jambes de Month, » il n'y a aucun fait mythologique à chercher là-dessous ; le scribe s'est passé la fantaisie d'une allitération : Ment-men-menth.

« Les divinités égyptiennes, célestes et souterraines, sont innombrables, « dit M. Le Page-Renouf (p. 85 de *Lectures on the origin and growth of* « *religion*); chaque ville et chaque village avait ses patrons locaux. À « chaque mois de l'année, à chaque jour du mois, à chaque heure du « jour et de la nuit présidait une divinité, et tous ces dieux devaient « être conciliés par des offrandes... On est tenté de croire qu'il y au- « rait tout autant de raisons aujourd'hui pour les réduire qu'il y en a eu au- « trefois pour les multiplier, et l'on y serait autorisé par d'indiscutables « documents qui nous montrent le même dieu désigné par des noms « divers. Dans les Litanies de Ra, qui sont tracées sur les tombes royales « de Biban-el-Molouk, le dieu est invoqué sous soixante-quinze noms « différents. Un monument publié dans les *Excerpta Hieroglyphica* de « Burton donne les noms ou plutôt un choix de noms de Ptah, le dieu « principal de Memphis. Le livre des Morts a un chapitre entièrement « consacré aux noms d'Osiris. Les inscriptions du temple de Dendérah « donnent une longue liste des noms de la déesse Hathor. Elle est iden- « tifiée, non seulement avec Isis, mais avec Sekhet à Memphis, Neit à « Saïs, Saosis à Héliopolis, Nehemauit à Hermopolis, Bast à Bubastis, « Sothis à Éléphantine, et beaucoup d'autres déesses. Ces autorités suf- « fisent à nous convaincre non seulement que certaines divinités secon- « daires ne sont que des aspects des dieux supérieurs mais que plusieurs « de ces derniers sont eux-mêmes des aspects d'un dieu unique.

« Lepsius, dans sa dissertation sur les dieux du premier ordre, a publié « plusieurs listes de ces divinités empruntées à des monuments de diverses « époques, parmi lesquels le plus ancien est un autel de la VIe dynastie. « De la confrontation de ces listes il résulte que Mentou et Toum,

Interrogeons les textes, ils vont nous apprendre l'idée
que les Égyptiens se formaient de l'Être suprême :

Il est le créateur : « Tout ce qui vit a été fait par Dieu
« lui-même [1]. Il a fait les êtres et les choses [2]. Il est le
« formateur de ce qui a été formé ; mais lui, il n'a pas été
« formé. Il est le créateur du ciel et de la terre [3]. Il est
« l'auteur de ce qui a été formé ; quant à ce qui n'est pas
« il en cache la retraite [4]. Dieu est adoré en son nom d'é-
« ternel fournisseur d'âmes aux formes [5].

Dieu est éternel : « Il traverse l'éternité, il est pour
« toujours [6]. Maître de l'infinie durée du temps, auteur de
« l'éternité, il traverse des millions d'années, dans son
« existence [7]. Il est maître de l'éternité sans bornes [8].

Il est insaisissable : « On ne l'appréhende pas par les
« bras, on ne le saisit pas par les mains [9].

Il est incompréhensible : « C'est le prodige des formes
« sacrées que nul ne comprend [10]. »

Il est infini : « Son étendue se dilate sans limites [11]. »

« deux des grands dieux de Thèbes, ne sont que des aspects du dieu
« solaire Ra. La liste entière des dieux du troisième ordre est facilement
« réduite à deux groupes : l'un, représentant le dieu solaire Ra, l'autre,
« Osiris et sa famille. Il est très probable que ni Ptah ni Ammon ne
« furent originairement à la tête des listes mais qu'ils prirent rang
« comme chefs des divinités de Memphis et de Thèbes. Ces dieux ont été
« identifiés avec Ra ainsi que tous les chefs de divinités locales. Toute
« la mythologie égyptienne roule sur les mythes de Ra et d'Osiris qui
« se fondent l'un dans l'autre, et cela s'explique par les textes qui iden-
« tifient Ra avec Osiris. Enfin, d'autres textes nous montrent que Ra,
« Osiris, Ammon et tous les autres dieux disparaissent en n'étant plus
« autre chose que des *noms*, et l'unité de Dieu est affirmée dans le noble
« langage d'une religion évidemment monothéiste.»

1. Champollion, *Notices*, II, 328.
2. Denderah, I, 68.
3. Devéria, *Catal. du musée de Lyon*, stèle 88.
4. Pap. de Leyde, I, 347, 10/3.
5. Cf. Chabas, *Maximes d'Ani*, II, 35.
6. Louvre, c. 218.
7. Inscription d'une caisse de momie.
8. Todtenbuch, LXII, 3.
9. Id. XLII.
10. Pap. Mag. Harris, V
11. Id., III.

Il est doué d'ubiquité : « Il commande à la fois à Thèbes,
« à Héliopolis et à Memphis[1]. »

Il est invisible[2]. Il est miséricordieux, « écoutant celui
« qui l'implore[3]. »

Il est omnipotent : « Ce qui est et ce qui n'est pas dé-
« pendent de lui[4]. Ce qui est est dans son poing, ce qui
« n'est pas est dans son flanc[5]. »

Voici maintenant comment se concilie mythologique-
ment cette conception d'un dieu unique, omnipotent,
éternel et infini avec le polythéisme qu'accusent les monuments.

Pour bien faire comprendre aux initiés que les nombreuses divinités qui peuplaient les temples n'étaient,
pour ainsi dire, que des formes de langage servant à symboliser les faces diverses de l'Être suprême, on leur disait
que ce Dieu suprême « se cache aux hommes et aux
« dieux[6]. Il se cache, on ne connait pas sa forme[7]. Les
« hommes ne connaissent pas son nom[8]. Il cache son
« nom[9]. Il déteste qu'on prononce son nom[10]. » Ce sont
là les mystères de la doctrine que les initiés ne devaient
pas révéler, et qu'ils étaient intéressés à garder pour eux
puisque ces initiés étaient les prêtres eux-mêmes qui vi-
vaient des mille pratiques superstitieuses imposées au
vulgaire et en tiraient leur influence. Les légendes de la
statue de Ptah-mer, grand-prêtre de Memphis[11], nous disent que ce personnage avait pénétré les mystères de tout

---

1. Denkm., III, 246.
2. P. Pierret, *Etudes égypt.*, III.
3. Denkm,, III, 284.
4. Louvre, c. 218.
5. Todtenb., XXXII, 8.
6. Gr. pap. Harris, III, 1 et 3.
7. *Hymne de Berlin.*
8. Todtenb., XLII.
9. *Hymne à Ammon de Boulaq.*
10. Todtenb. XLIV, 4. Cf. Jamblique, *De myster.*, VIII, 3 ; Cicéron, *De nat. deorum*, III, 22. Cette idée se retrouve dans le Judaïsme.
11. Louvre, A. 60. Cf. P. Pierret, *Dictionn. d'archéologie égypt.*, p 277.

sanctuaire; « il n'était rien qui lui fût caché; il adorait
« Dieu et le glorifiait dans ses desseins; il couvrait d'un
« voile le flanc de tout ce qu'il avait vu. » C'était là un
mot d'ordre pour tout le sacerdoce.

Le dieu unique, sans second [1], est unique même au milieu
de la collection des dieux [2]. Il est unique mais il a de nom-
breux noms, de nombreuses formes [3], des formes sacrées et
mystérieuses dans les temples [4], c'est-à-dire des formes con-
ventionnelles. « Il est l'âme sainte qui engendre les dieux,
qui revêt des formes, mais *qui reste inconnue* [5]. » Cet en-
gendrement des dieux est purement mythologique, car
« il les réunit tous en son corps [6]. » Les dieux sont « des
« formes qu'il a en-dedans de lui [7], dans son flanc [8]. La
« substance des dieux est le corps même de Dieu [9]; il
« l'a produite, créée, enfantée, elle est sortie de lui [10]. »
L'ensemble des dieux est une substance, un aliment, un
pain immense ☮ « au milieu duquel réside l'Unique [11] » ;
autrement dit « la société des dieux se totalise en un seul
cœur [12]. »

Dieu crée, engendre, enfante les dieux; c'est un taureau
qui féconde le panthéon; ou bien il les forme de sa parole;
il parle et les dieux se produisent. Sa parole est une substance [13]. Il est l'âme qui produit les dieux, qui les engendre, qui, dans cet acte de perpétuelle génération des

1. Denkm, III, 181.
2. Stèle naophore de Turin.
3. *Hymne à Ammon de Boulaq.*
4. Todtenb., CLXII, 2.
5. Id., XV, 46.
6. Denkm., III, 249. Dendérah, II, 15 a.
7. Todtenb., XLII, 17.
8. Palette de Bak-en-Khons, au Louvre.
9. Todtenb., XVII, 74; P. Pierret, *Etudes égypt.*, I, 6.
10. Todtenb., XV, 20; XXXIX, 14.
11. Stèle naophore de Turin; Pap. de Leyde, I, 344, 1/11; *Hymne à Ammon de Boulaq.*
12. Mariette, *Abydos*, I, 10 a.
13. Grébaut, Hymne à Ammon de Boulaq, passim.

formes divines, est la source de sa propre ardeur, la plus grande des âmes, maîtresse des levers solaires puisque Dieu est l'âme du Soleil, lequel est son corps[1], renouvelant ses naissances dans ses différents rôles; Dieu est, en un mot, le souverain des dieux, l'âme divine qui anime le ciel.

Il est le père des pères de tous les Dieux, le grand dieu de la première fois [2], le dieu très grand en tant que commencement du devenir [3], qui s'est formé lui-même, qui est le commencement de la forme et qui n'a pas été formé [4], le dieu du commencement qui a dit au Soleil : viens à moi[5]! qui a mis le ciel en haut et la terre en bas[6] et qui vit, s'alimente de la Vérité[7]. Dieu vit de la vérité, il lui est uni et, s'en nourrissant, *ne fait qu'un avec elle*. La vérité nous représente donc la conception abstraite que les Egyptiens avaient de la divinité.

Nous appelons vérité la *conformité* de l'idée avec son objet, dont le contraire est l'erreur, la *conformité* de ce qu'on dit avec ce qu'on pense, dont le contraire est le mensonge, la *conformité* du récit avec le fait, du portrait avec le modèle, etc. La conformité se prouve par la comparaison, aussi les Egyptiens avaient-ils adopté pour déterminatif et pour idéogramme du mot vérité l'instrument type de la comparaison et de la mesure, la coudée ou règle ▬ qui varie aux anciennes époques avec le doigt ❯. autre unité de mesure primitive et universelle.

Est vrai d'une manière absolue tout ce qui est *conforme* à la *règle*[8], tout ce qui n'est pas autrement qu'il doit être :

1. Duemichen, histor. Inschrift. II.
2. J. de Rougé, Inscript. I, 19.
3. P. Pierret, Etudes égypt. I.
4. Denkm. IV, 30.
5. Todtenb. XVII.
6. Grébaut, Hymne à Ammon.
7. Livre des Respirations, Edit. de Horrack V, 5.
8. « *Maat* as a noun signifies a perfectly straight and inflexible *rule* »

de là l'identité du vrai et du bien. Des artisans qui exécutent des ouvrages irréprochables sont en égyptien « des savants de leurs mains, auteurs d'*œuvres de vérité*[1]. »

Un corps que l'embaumement préserve de la destruction est un être *vrai* : « son corps est à l'état d'être vrai : il ne dépérit pas[2]. » Hermès Trismégiste, en nous disant que « ce qui n'est pas toujours n'est pas vrai[3] », nous apporte un écho très fidèle de la pensée égyptienne. Soustraire une chose à la destruction, c'est lui maintenir sa réalité, sa *vérité*. Le dieu Soleil, comme nous le verrons plus loin, *fait la vérité* en maintenant l'harmonie du monde par son lever quotidien et en entretenant la vie des êtres. La vérité est la raison de la vie : elle assure le développement, la conservation et la reproduction des êtres organisés ; elle est en opposition avec les mauvais principes qui, en tant que personnification du mal physique, entravent son action[4]. On lit sur une stèle de Ramsès III, à Elephantine[5] : « Sa Majesté a ordonné de nottoyer tous « les temples et d'inspecter les greniers pour le salut des « hommes et des animaux, pour que le *Vrai soit* et que le « mal soit détruit. » Faire que le *vrai soit* ne peut se comprendre que dans le sens égyptien. L'existence de la vérité, du vrai ou du faux ne dépend de personne ; dans le

(Le Page Renouf, Lectures on the origin and growth of religion, p. 119). Je suis heureux de m'appuyer sur l'autorité d'un esprit aussi distingué que M. Le Page Renouf pour l'explication du mot *ma*, et heureux de constater que nous nous sommes rencontrés dans cette interprétation basée sur la valeur propre de l'idéogramme ; je dis *rencontrés* car je ne doute pas que si M. Le Page Renouf avait lu ma dissertation sur le mot *ma* insérée p. 93-103 du 2ᵉ volume de mes Inscriptions du Louvre, paru en 1878, il n'eût pas manqué, dans un livre publié en 1880, d'y référer le lecteur.

1. Cf. Chabas, Mélanges III, 2, 132.
2. Naville, Mythe d'Horus.
3. Trad. Ménard IV, 9.
4. « The opposite notion to *Maat*, considered as Law, is *asfet*, lawlessness, disorder, iniquity. » (Le Page Renouf, Lecture, etc. p. 121, note). C'est une nouvelle rencontre, heureuse pour moi, de ma dissertation de 1878 (p. 98) avec le livre de M. Le Page Renouf publié en 1880.
5. J. de Rougé, Inscr. IV, 258.

sens ordinaire, on peut faire *triompher* la vérité mais on ne la *fait pas être*. On lit sur un scarabée du Louvre (Salle historique) ⌐☺⌐ « que toutes choses soient vraies », c'est-à-dire, conformes à la règle, qu'elles marchent bien. Un scarabée de la Salle des dieux offre la variante explicative☺ ⫯⫰ « que toutes choses soient bien. » C'est l'identification du vrai et du bien. En effet la vérité est le but auquel doit tendre l'homme doué du libre arbitre, en luttant contre ses passions qui sont ses ennemis, comme les principes typhoniens sont les ennemis du Soleil[1]. En Egypte, l'homme *juste* est un homme *de vérité*, exempt de fautes[2] ; il dit et fait la vérité, il contient[3] la vérité et ne s'en sépare pas[4], et il est, après sa mort, en état de l'apporter aux dieux, de la faire remonter vers eux, de qui il la tient : « Je vous apporte la vérité, je fais remonter vers « vous le bien. Je vous apporte le bien, je fais remonter « vers vous la vérité[5] », nouvelle identification du vrai et du bien.

Voilà pourquoi dans le Livre des morts et sur les monuments funéraires le défunt, considéré comme un juste, porte accolé à son nom le titre ⌐— *ma-kherou* que l'on a traduit improprement par *justifié*, puis approximativement par *véridique*. Ce groupe se décompose en deux mots signifiant l'un vérité (*ma*) et l'autre parole (*kherou*) ; on est sûrement guidé dans la façon dont on doit le décomposer par cette paraphrase si fréquente dans les textes religieux : *au kheru-k ma er kheftu k* « est ta parole vérité contre tes ennemis » formule dans laquelle il est facile de reconnaître la φωνὴ ἀληθής que Plutarque[6] nous signale comme

---

1. Cf. Todtenb. XVIII, passim. Mélanges d'archéol. égypt. et assyr. I, 115, Grébaut, Hymne à Ammou, p. 119.
2. P. Pierret, Etudes égypt. II, 89.
3. Denkm. III, 43, c-d.
4. Id. III, 265 ; P. Pierret, Etudes égypt., I, 34.
5. Pap, inédit de Boulaq ; Todtenb. LXXIX, 5.
6. D'Isis et d'Osiris, LXVIII.

ayant eu un pouvoir talismanique chez les Egyptiens. Pour faire la vérité, c'est-à-dire pour maintenir l'harmonie du monde, le dieu égyptien n'a besoin que de sa parole; au commencement des temps il a dit au soleil : viens à moi ! et le monde a été constitué. « Etant trouvé que la parole d'Horus est vérité, on lui confia la fonction de son père le soleil [1] » « Ta parole est vérité contre tes ennemis » dit-on au soleil [2]. Ces ennemis, ce sont les puissances typhoniennes, les *Seba-u*. Il renverse les *Seba-u* par la vérité de parole, le *ma-kheru* [3]. Il est dit du défunt assimilé au soleil qu'il sort avec la vérité de parole, traverse le ciel et détruit le mal qui se produit sur toute la terre [4]. Faire la vérité par la parole est synonyme de donner la vie, ainsi que le prouvent ces deux phrases symétriques prononcées par des vaincus s'humiliant devant un pharaon : « Ac-« corde-nous les souffles par le don qui est en toi de *ta* « *parole être vérité*; — Accorde-nous les souffles par le « don qui est en toi de *la vie être à ton gré* [5]. »

Tel est le sens du *ma-kherou* divin. L'homme est investi du même privilège lorsqu'il est dieu; mais, dans un autre ordre d'idées, lorsqu'il va se présenter dans la grande salle du jugement suprême, on exprime qu'il est pur en disant qu'il a vaincu ses ennemis, les péchés, par l'effet du *ma-kherou* que lui a conféré Thot ou telle autre divinité. L'ancienne traduction *justifié* pourrait, à ce point de vue, être maintenue à la rigueur pour le groupe *ma-kherou* si elle était comprise dans le sens plus latin que français de *fait juste*, car le juste est, ainsi qu'on l'a vu plus haut, l'homme de vérité exempt de fautes, contenant la vérité, disant et faisant la vérité. Etre doué du *ma-kherou*, c'est

1. Hymne à Osiris de la Bibliothèque nat., l. 18.
2. Todtenb. CXXVII, 4.
3. Id. LXIV, 13.
4. Id. CLXIII, 18.
5. Denkm. III, 117.

être à ce point identifié avec la vérité qu'on l'émet par la parole.

La plus éclatante manifestation de Dieu sur terre, c'est le soleil qui est dit être « son corps. » Les textes expriment que Dieu se manifeste par le soleil en disant qu'il se cache en lui : « il se cache dans sa prunelle, âme rayonnant par son œil[1], » c'est-à-dire qu'il se dérobe derrière l'éclat éblouissant de l'astre, il se montre aux hommes sous sa forme de dieu Ra, mais il leur dérobe son essence divine : « Ton rayonnement vient d'une face qui n'est pas « connue, lui dit un adorateur[2], tu marches inconnu aux « hommes » ou bien encore « tu rayonnes sur nous et nous « ne connaissons pas ta forme, tu te présentes à nos faces « et nous ne connaissons pas ton corps[3]. » Telle est l'explication du rôle d'Ammon-Ra, dont le nom composé est une antithèse et signifie « le caché-soleil. »

Le soleil offrait un symbole vivant de l'éternel renouvellement de la divinité, puisqu'il meurt chaque soir pour renaître chaque matin. Toute la mythologie égyptienne réside dans ce qu'on peut appeler le drame solaire; il se compose de plusieurs actes qui sont : la naissance de l'astre à l'orient, son parcours diurne, sa disparition à l'horizon occidental, sa traversée nocturne de la région infernale et sa réapparition à l'orient. A chaque acte de ce drame, le dieu change de nom sans rien perdre de son individualité et de sa toute-puissance. Ce sont ces rôles divers qui constituent le panthéon dont la complication n'offre qu'une apparente difficulté résultant de ce que ces rôles sont joués par des dieux différents suivant les différentes localités.

Les différences d'époques et de cultes locaux dont on

1. Pap. mag. Harris V.
2. Recueil Vieweg II, 70.
3. Denkm. VI, 116, l. 66.

fait une objection contre tout essai de vue d'ensemble de la mythologie n'ont pas l'importance qu'on leur attribue. Elles portent sur la forme et non sur le fond, et n'ont amené que des variantes d'*expression*. Les noms des acteurs du drame solaire ont pu changer, mais les rôles sont restés les mêmes, sauf addition de quelques *doublures* et de quelques *utilités*, pour continuer l'image en employant le langage du théâtre. La symbolique offrait d'ailleurs un large champ à l'imagination décorative des Égyptiens, et les boîtes de momie du commencement du Nouvel Empire sont aussi surchargées d'emblèmes que certains tableaux de la dernière période ptolémaïque.

LE

PANTHÉON ÉGYPTIEN

CHAPITRE PREMIER

LE DIEU PRIMORDIAL

Apis. — Mnévis. — Ptah. — Ptah Tatounen. — Noun. — Nil. —
Noum. — Sati. — Anouké. — Thot. — Khons. — Le dieu Lune.
— Safekh. — Selk. — Anhour. — Horus-tma. — Shou. — Ma.

Le dieu abstrait se manifeste par le soleil qui devient
dieu à son tour et « forniquant en lui-même », dit le
Livre des Morts, engendre les dieux qui sont destinés à
personnifier ses phases, s'engendre lui-même pour se
perpétuer : c'est ce que les textes expriment énergiquement en disant qu'il est le taureau, le fécondateur[1] des
dieux et le fécondateur de sa propre mère. Il faut, selon
moi, chercher dans cette image l'explication du culte
d'Apis et de Mnévis. Ces taureaux sacrés de Memphis et
d'Héliopolis symbolisaient dans la doctrine ésotérique la
faculté du dieu unique de multiplier ses formes, et la
doctrine exotérique enseignait au vulgaire par la bouche
des prêtres, qui en tiraient d'importants revenus, que la
divinité s'incarnait dans ces animaux. Si le culte d'Apis

1. Le mot fécondateur est rendu par l'hiéroglyphe du taureau.

2

n'eût été que l'adoration pure et simple d'un taureau,
pourquoi ce dieu serait-il si souvent représenté par un
homme n'ayant du taureau que la tête ?

Apis de forme humaine.

Oserait-on soutenir que la représentation de la déesse
Vérité au moyen d'une femme ayant une plume d'autruche [1] à la place de tête nous autorise à croire que les
égyptiens adoraient la plume d'autruche ? c'est encore,
comme toujours, de l'hiéroglyphisme.

Mais renfermons-nous dans la doctrine que matérialisent les monuments. Le soleil étant l'éclatante manifestation de la divinité, l'animal dans lequel la divinité s'incarne aura des attributs solaires : en effet Apis est coiffé
du disque ; sur son dos est posée une housse entre le

1. Hiéroglyphe de son nom et homophone de la Coudée.

scarabée ailé, symbolisant le *devenir* perpétuel de l'astre voyageur et le vautour aux ailes éployées symbolisant la protection de la déesse, mère du soleil.

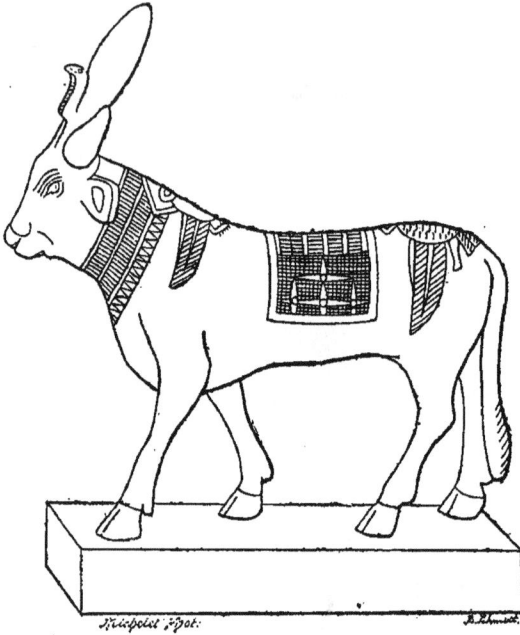

Taureau Apis.

Un taureau n'était adoré comme un Apis que lorsqu'il portait certaines marques sacrées telles que taches noires sur le flanc, triangle au front, tache en forme de croissant sur le poitrail. Lorsqu'il mourait on l'ensevelissait magnifiquement et le pays était plongé dans le deuil jusqu'à ce qu'on eût rencontré un taureau d'apparence semblable. M. Mariette a découvert auprès de l'emplacement de Memphis une nécropole où furent successivement enterrés des Apis depuis la XVIIIᵉ dynastie jusqu'à la fin de la domination grecque.

Tout mort devenant un Osiris, Apis mort s'appelait Osiris-Apis, dénomination que les Grecs ont contractée en *Sérapis* ; le *Sérapéum* était le nom qu'ils donnaient à la tombe d'Apis. Si le culte d'Apis date, comme on le croit, de la deuxième dynastie, il doit exister d'autres sépultures remontant à l'ancien empire et qui sont encore à trouver.

C'est parce qu'Apis est et ne peut être qu'un dieu solaire qu'il est appelé *fils de Ptah*, de même que le dieu solaire Ammon est également appelé fils de Ptah, le rôle de Ptah ayant précédé celui du soleil organisateur de la création. Apis est appelé aussi fils de Toum, parce que Toum est, comme Ptah, un dieu nocturne et primordial. Les monuments du Sérapéum lui donnent encore le titre de fils d'Osiris et de Sokar-Osiris. C'est donc à tort qu'on l'a représenté comme étant exclusivement fils de Ptah ; il est, ainsi que le soleil, fils de tout personnage ayant un caractère de dieu primordial [1].

Le taureau Mnévis adoré à Héliopolis est identique d'aspect au taureau Apis puisqu'il représente le même symbolisme ; personnifiant le renouvellement du soleil, il est appelé « renouvellement de la vie de Ra [2] ».

Le soleil est un « bel adolescent *créé par Ptah* [3] », c'est-à-dire par le dieu primordial. Le dieu primordial est qualifié de « très grand dieu, commencement du de- « venir ; dieu auguste, vivant de la vérité, être ou essence « double, devenu au commencement [4] ». Il est dit Etre

---

1. Pour cette remarque faite à la page 83 de mon Essai sur la mythologie égyptienne publié en 1879, j'ai encore eu le plaisir de me rencontrer avec M. Le Page Renouf dans son livre ci-dessus mentionné, publié en 1880 : « Apis is the son of Ptah, of Tmù, of « Osiris and of Sokari. » (p. 84).

2. J. de Rougé, Inscript. I, 148 ; Denkm. IV, 7, 17.

3. Zeitschr. 1878, 150.

4. Champoll. Not. II, 143 ; Louvre, stat. A. 68.

double parce qu'il créc sa forme et engendre son corps[1].
Il est « le père des pères, la puissance des puissances, le

Taureau Mnévis.

dieu grand de la première fois[2] ». Il prend différents
noms, s'appelle Ptah à Memphis, Noum à Elephantine,
Thot à Hermopolis, Toum à Héliopolis. Il est personnifié
par le fleuve céleste, l'eau, principe de la vie, et par les
personnages qui symbolisent le soleil couchant, le soleil
nocturne[3] : Toum, Osiris, Tanen, formes antérieures au
soleil levant.

Ptah, dieu primordial, porte généralement le nom de
Ptah-Tatounen ; voici comment il est qualifié :

« Père des pères, fabricateur de la substance des dieux,

1. Champoll, Not, ıı, 278.
2. Denkm. ııı, 150
3. C'est le πατήρ ἄγνωστος et le σκότος ἄγνωστον des Gnostiques.

« créateur de la terre, père des dieux et de tous les êtres
« de cette terre, père des commencements, créateur de
« l'œuf du soleil et de la lune, le producteur d'œuvres par
« excellence. »

Ptah-Tatounen a pour coiffure le disque solaire que
surmontent deux longues plumes.

Ptah-Tatounen

Comme Hathor, dont le nom signifie « demeure d'Horus », comme Osiris dont le nom signifie *demeure du
soleil*, comme Thot qui porte le même titre (Cf. infrà,
p. 11), il est appelé « demeure du soleil » c'est-à-dire son
origine. On l'invoque en ces termes dans le grand Papyrus Harris (p. 44) : « Père des pères, grand de la première
« fois, formateur des hommes, créateur des dieux, com-
« mencement du devenir en qualité d'essence double pri-
« mitive, devenu pour l'arrivée de tout après lui, auteur

« du ciel qu'il a mis en haut, fondateur de la terre qu'il a
« entourée de l'abîme de la mer, auteur de l'enfer où il
« réunit les cadavres ; il a fait naviguer le soleil pour
« sauvegarder cela en souverain. »

Ptah a donc précédé le soleil : c'est à ce titre qu'il est
assimilé aux personnifications du soleil nocturne, précur-
seur du soleil diurne. De là son rôle funéraire et osirien
de Ptah-Sokari et son aspect de dieu-momie, puisque la
mort de l'homme est assimilée à la mort du soleil.

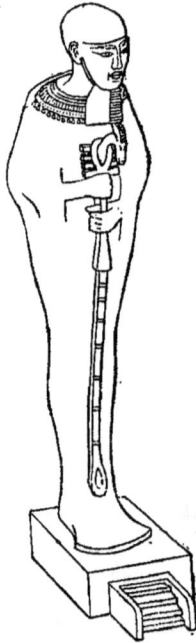

Ptah.

Ptah mummiforme est représenté debout sur un socle
à degrés ; il est coiffé d'un serre-tête ; son cou est orné
d'un large collier à contre-poids ; des brasselets entou-
rent parfois ses poignets, et il tient de ses deux mains
dégagées des bandelettes les insignes de la vie ⚲ , de
la sérénité ⌡ et de la stabilité ⚏.

La nuit précède le jour, comme le chaos a précédé la création et le mystère cosmogonique se renouvelle à chaque lever solaire : voilà pourquoi chacun des personnages qui symbolisent le soleil disparu, joue en même temps un rôle de dieu primordial.

L'astre sort chaque matin de l'abîme céleste, que les Egyptiens supposaient liquide, et qu'ils appelaient Noun[1] pour constituer l'harmonie universelle. La première fois qu'il en est sorti a été le jour de la création. « Je suis « Toum qui était seul dans le Noun[2] ». « Ce qu'a engendré ta parole, ce qu'ont produit tes mains, tu l'as tiré du Noun[3] ». Le Noun, cause première du grand fait de la création, devient un dieu primordial avec lequel Ptah se fond quelquefois sous le nom de Ptah-Noun, père des dieux[4], comme avec le Nil, fleuve terrestre, image du fleuve céleste, appelé aussi « père des dieux[5]. » Le Nil est plus ordinairement assimilé à Osiris ; mais Osiris est adéquat à Ptah, comme soleil nocturne et dieu primordial. Le dieu Nil est représenté par un personnage de forme humaine coiffé d'une touffe de plantes aquatiques et tenant en mains des fleurs, des plantes ou des fruits. Son nom hiéroglyphique *Hapi* signifie « le caché » car les sources de ce fleuve étaient ignorées des anciens égyptiens ; c'était un mystère connu des dieux seuls[6].

1. Le groupe hiéroglyphique qu'on a transcrit par le Copte NOUN, *abyssus*, paraît devoir être le plus correctement *nou* ; mais je conserve l'ancienne appellation, parce qu'elle est plus connue.
2. Todtenb, XVII. 1.
3. P. Pierret, études égypt. I, 4.
4. Champollion, Notices I, 123 ; Denkm. III, 254.
5. Champoll. not. I, 255 Denkm. III, 200.
6. Cf. Todtenb, CXLVI et Pap. Sallier II. p, 12, l. 7. L'Egypte ne serait qu'un désert aride et inhabitable sans le Nil qui lui apporte la fertilité par ses inondations périodiques, Il n'est donc pas étonnant qu'on ait vu en lui le principe même de la vie.

Le dieu Noum ou Khnoum (Cneph, Chnoumis, Chnou-
phis des Grecs) jouait à Elephantine le même rôle qu'Am-

Le dieu Nil.

mon à Thèbes et que Ptah à Memphis, c'est-à-dire qu'il
y représentait le dieu suprême, le dieu créateur et primordial ; mais sous le nom de Noum-Ra, comme Ammon
sous celui d'Ammon-Ra, il était la divinité se manifestant
par le soleil. Il est représenté quelquefois façonnant
une figure humaine sur un tour à potier, et appelé « fa-
« bricateur des hommes, auteur des dieux, père du com-
« mencement, auteur de ce qui est, créateur des êtres,
« commencement des formes, père des pères, mère des
« mères, père des dieux, modeleur des hommes, engen-
« dreur des dieux, père des pères des dieux et des déesses,
« maître du devenir en soi, auteur du ciel, de la terre, de
« l'enfer, de l'eau et des montagnes[1]. »

1. Mariette, Dendérah II, 37 ; Temple de Philœ ; Champoll. Not. I, 682.

Noum est représenté avec une tête de bélier soit pour symboliser l'ardeur du soleil, soit parce qu'il est appelé l'*âme des dieux*, et que le bélier est l'hiéroglyphe du mot âme.

Noum.

Il est souvent associé aux déesses Sati et Anouké qui paraissent jouer le même rôle qu'Isis et Nephthys dans le symbolisme osirien. La coiffure de Sati est la couronne blanche traversée par une paire de cornes; Anouké est coiffée de la couronne blanche ou d'un bouquet de plumes.

Le dieu primordial se fractionne parfois en quatre couples d'un mâle et d'une femelle, auteurs de la création, mais dont les noms ne sont pas encore clairement expliqués[1]. Ils résident à Hermopolis, ville qui s'appelle en

1. Cf. Ducmichen, Zeitschr. 1869, 6.

égyptien *Shmoun*, c'est-à-dire la « *Ville des Huit* ».
Thot, dieu principal du nome Hermopolite, résume ces

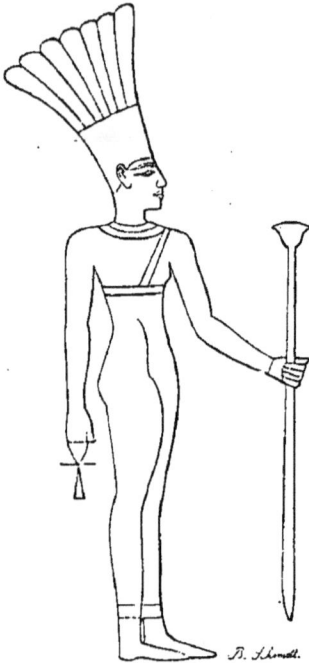

Anouké.

Sati.

huit dieux qu'on est convenu d'appeler *élémentaires*, et,
à ce titre, s'attribue quelques-unes des qualifications de
Ptah: « siége, origine du soleil, formateur de lui-même
« que nul n'a enfanté, dieu unique. Maître de la vérité,
« il fait la vérité, il est le fécondateur de la vérité » puisqu'il « constitue le monde[1]. »

Les textes font une confusion perpétuelle et voulue
entre l'œuvre de la création et le renouvellement quotidien de la nature par le réveil du soleil. Aussi Thot, dans
la lutte du jour contre la nuit, « repousse celui qui com-

1: Leemans, Monum de Leide v. 1; Stèle de Londres dans
Zeitschr. 1877, 150 ; Pleyte et Rossi, Pap. de Turin 23, 6.

bat dans le ciel de l'occident », et il fait triompher le
soleil, il lui rapporte sa lumière disparue aux yeux des
hommes pendant la nuit : « Ce qui avait été enlevé, il le
ramène au port [1] ; » c'est la lumière du soleil, son œil :
« il enlève l'œil d'Horus à ses ennemis [2]. » Un texte de
Dakkeh dit que Thot a ramené de Nubie l'œil de Ra.
C'est pourquoi plusieurs de ses statuettes le représentent
tenant l'œil sacré, c'est pourquoi on le trouve identifié
avec Shou qui, comme nous le verrons plus loin, joue le
même rôle cosmogonique. Thot est appelé à Philœ « Shou,
fils de Ra, venu de Nubie [3]. »

Thot tenant l'œil sacré.

Thot fait donc triompher le soleil contre les ténèbres,

1. Pleyte et Rossi, Pap. de Turin 23.
2. Mariette, Abydos I, 56.
3. Brugsch. Dict. géogr. 733.

ses ennemies, et donne à sa parole le pouvoir de faire la
vérité, c'est-à-dire d'établir l'ordre : « il fait sa parole
être vérité contre ses ennemis[1] ». Le soleil renverse
alors ses ennemis par sa seule parole qui a le don de
faire la vérité ; c'est ce qu'exprime le groupe *ma kherou*[2]. (Voir plus haut ce qui a été dit à ce sujet, p. XII
de l'Introduction.)

Le côté du rôle de Thot sur lequel les textes insistent
le plus, c'est celui de mesureur, de pondérateur et d'intelligence directrice qui a créé le langage, l'écriture et
la science : « Calculateur du ciel et de ses astres, de la
terre et de ce qu'elle contient, dieu mesureur de la
terre[3]. « Il est le dieu-poids (*Tekhou*) ; son animal emblématique, le cynocéphale, exprime l'équilibre de la
balance[4], et dans le rôle lunaire où il se fond avec le dieu
thébain Khons, Thot est le computateur du temps.[5] Max
Muller a remarqué que la lune étant le *mesureur* du
mois est du masculin dans toutes les langues teutoniques.
En sanscrit, dit-il, *mas* est le nom masculin de la lune,
venant de *ma* « mesurer », comme mesureur des jours.
(Science du Langage I, 8.)

Le dieu-Lune des Égyptiens s'appelait *Aah*. Il est représenté tantôt sous la forme d'un dieu à tête d'épervier

1. Todtenb. xviii.

2. Thot dont la parole est le Bien ❘❘✝ donne à Osiris son *ma
kherou :* ⬛ auprès des divins chefs, devant la collection des
grands dieux ; « Thot fait pour toi que ton ennemi est sous toi »
(Stèle du scribe Thotmès publiée par M. Rossi).

3. Texte d'Edfou.

4. « Un préjugé vulgaire, qui a laissé des traces chez les chré-
tiens des premiers siècles, attribuait aux cynocéphales cet art de
lire et d'écrire qu'avait enseigné Hermès. » (Matter, hist. du
gnosticisme ı, 99).

5. E. de Rougé. Etude sur Tahraka.

que surmontent le croissant et le disque, tantôt sous
celle d'un enfant sur l'épaule duquel pend une tresse de

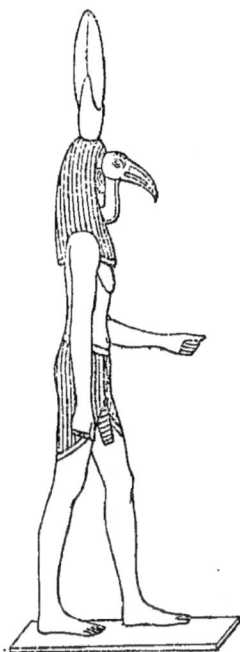  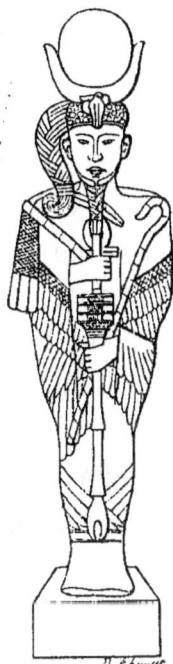

Thot lunus   Cynocéphale   Khons lunus

cheveux, et coiffé du disque et du croissant (c'est Khons-
Lunus) ; ou bien avec une tête d'ibis ornée du croissant,
du disque et parfois de la plume d'autruche (c'est Thot-
Lunus). Dans le papyrus Cadet, au chapitre XVII, on le
voit assis au milieu d'une barque, avec la figure humaine
barbue : il est adoré par quatre cynocéphales. Le culte
de Lunus était assez répandu en Égypte pour qu'on ait
trouvé un grand nombre d'images de ce dieu en terre
émaillée bleu ou vert, en bois doré, en argent et en
bronze ; la plupart de ces statuettes le représentent tel
qu'on le retrouve sur les bas-reliefs des temples, coiffé
du disque et du croissant, le corps enveloppé comme

une momie et tenant le *flagellum*, le sceptre divin et le symbole de la stabilité. Champollion signale dans son Panthéon un Lunus *bifrons*.

« La lune, *instrument de la naissance*, dit Hermès Trismégiste, transforme la matière inférieure. » Cet astre, en raison de ses phases, est en perpétuelle relation dans les textes avec les idées de naissance et de renouvellement. C'est ainsi que Lucine se confondait souvent avec Diane. *Aah* préside au renouvellement, au rajeunissement, à la renaissance. C'est sans doute à ce titre qu'il est représenté sous la figure de Khons enfant, coiffé de la tresse, Khons étant l'Horus de la triade thébaine.

Revenons à Thot. Il est constamment appelé « le Seigneur des paroles divines, de l'écriture sacrée, et le secrétaire des dieux [1]. » — « Des charmes magiques sont en lui, sa parole est une substance et son charme est dans le charme de sa bouche [2]. »

Thot est représenté avec une tête d'ibis. A Thot on peut associer Safekh, la déesse des livres, qui préside en même temps aux fondations de monuments. Elle était vénérée à Memphis dès la IVe dynastie. Comme Thot, on la représente inscrivant sur une branche de palmier les années d'existence promises aux pharaons.

La déesse Selk est quelquefois assimilée à Safekh comme déesse des bibliothèques [3]. Selk, coiffée du scorpion et fille du soleil, est, comme les autres déesses, une personnification de la lumière de l'astre ; le scorpion en

---

1. Denkm , III, 182 ; IV, 6.
2. Id. IV.41, Louvre, c. 218.
3. Brugsch, Mon. 63, 2.

symbolise sans doute la chaleur cuisante. Le bronze
du Louvre que nous reproduisons page 17 l'identifie

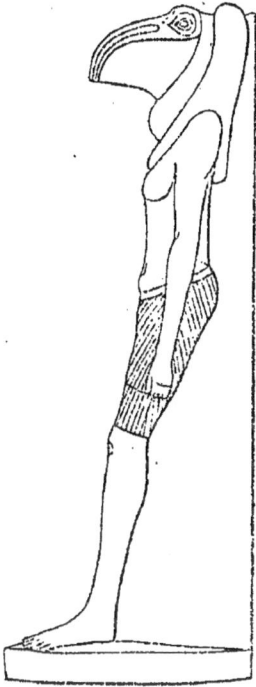

Thot

Safekh

avec Isis; on l'y voit coiffée d'un scorpion à tête de
femme.

Il est impossible de donner une vue d'ensemble de la
mythologie égyptienne sans se heurter à des divergences
résultant de la diversité des cultes locaux et de l'immense
période de temps sur laquelle nous opérons pour inter-
roger les monuments. C'est ainsi qu'une notable portion
de l'œuvre cosmogonique qui devrait appartenir tout
entière au dieu primordial, est usurpée par le soleil.

Le rôle cosmogonique du soleil considéré comme ayant
mis le ciel en haut et la terre en bas (acte attribué ailleurs à Ptah-Tatounen), ce rôle est personnifié par les

dieux Shou et Anhour : Shou a soulevé le ciel qu'Anhour
lui a amené, le nom de ce dernier signifiant « amener le

Selk.

Selk-Isis.

ciel. » Un papyrus dit à Anhour : « Tu as amené le ciel
avec ton dard[1] » et on le voit à Philœ tenant un dard
comme Horus-tma. Cependant ses statues paraissent lui
mettre en main une corde. Il est coiffé d'une perruque
au-dessus de laquelle se dresse l'urœus; sa tête est surmontée des plumes d'Ammon dédoublées et parfois
disposées en rond.

Il se fond avec Shou sous le nom de Anhour-Shou, fils
de Ra[2]; il est dit « maître de la force[3] » et son rôle

1. Pap. mag. Harris II, 5.
2. Denkm. III, 221.
3. Pap. mag. Harris II, 3.

cosmogonique est confirmé par son assimilation avec Horus-tma[1].

Anhour.

Qu'est-ce que Horus-tma ? Par substitution d'un impulsif à un autre, *tma* égale *sma* dans le sens de *faire la vérité*. Horus repoussant de sa lance les animaux malfaisants qui symbolisent les ennemis de la création (de même qu'il les foule aux pieds sous forme de crocodiles, ou les étouffe contre sa poitrine sous forme de serpents comme Ptah et Noum[2],) est appelé Horus-tma parce qu'en agissant ainsi il *fait la vérité*[3].

1. « Anhour, l'Horus-tma de Thinis » (Brugsch, Dict. géog., 951).
2. cf. infra, p. 72, 78.
3. Lorsque les pharaons sont représentés triomphant de leurs ennemis et massacrant des vaincus ils sont qualifiés de Horus-tma et il est dit d'eux en cette occurrence qu'ils *font les choses* c'est-à-dire organisent l'ordre ; cela est constant depuis Khoufou (Denkm. II, 2) jusqu'aux Ptolémées (Denkm. IV, II).

M. Grébaut a démontré en effet que le rôle solaire de la divinité consiste à entretenir la vie des êtres et à mainte-

Horus-tma

nir l'harmonie du monde par son lever quotidien qui est un triomphe perpétuel sur les perturbateurs de l'ordre cosmique. Dès que l'astre surgit à l'orient, dit ce savant, le règne de la vérité commence ; « la vérité s'unit à ses « splendeurs ; il établit la vérité dans sa barque, il enfante « la vérité, devient un producteur de vérité. Il fait la vérité « et déteste le mal[1], » ennemi de son œuvre. Nous avons vu plus haut que la vérité ne fait qu'un avec Dieu ; comme lui, elle s'incarne dans le soleil ; cela est aussi clairement que possible exprimé par cette phrase : « la vérité dans le ciel illumine la terre de sa splendeur ; les êtres, les animaux

1. Champoll. not. 1,854 ; Denk. iii, 107 Stèle de Kouban, l. 18 ; Todtenb. cx, 17.

vivent de son rayonnement[1] ». C'est parce qu'elle s'épanche sur les deux terres qu'elle est double,[2] *Mâ* du sud et *Mâ* du nord,[3] comme tant d'autres déesses assimilées aux yeux du soleil. La déesse Vérité est représentée debout ou accroupie, le corps serré dans une robe étroite; elle est coiffée du *Klaft* que surmontent l'urœus et la plume qui sert à écrire son nom; à ces insignes se joint parfois le disque solaire.

Ma, la *Vérité.*

Shou a « séparé le ciel de la terre, il a élevé le ciel

1. Mariette, Denderah II.

2 Nous verrons plus loin que le soleil dans sa course d'orient en occident, répand du haut du ciel sa lumière à sa gauche et à sa droite et divise la terre en région du sud et région du nord.

3. *Mâ* est le nom de la Vérité : il s'écrit soit par la Coudée ▰, soit par la plume ╲ qui sert en même temps à écrire le mot *lumière* avec la prononciation *shou,* double phonétisme et double symbolisme aboutissant à une équation d'idées significative.

« pour des millions d'années au-dessus du sol, il a soulevé
« le ciel et l'a établi de ses deux mains[1]. » Il est donc un
triomphateur du Chaos et, à ce titre, assimilé, comme
Anhour, à Horus-tma, Horus faisant la vérité avec sa
lance, destructrice du mal. Après avoir soulevé le ciel il
apporte à son père Ra ses yeux, c'est-à-dire sa lumière,
et « il les lui place de ses mains »; c'est pourquoi ses
statuettes nous le montrent sous la figure d'un homme
agenouillé, la jambe gauche à demi-relevée, et qui élève
sur *ses bras* le globe du soleil ; ce rôle cosmogonique est
également joué par Thot, comme nous l'avons vu plus
haut.

Aspects divers du dieu Shou.

Dans la seconde phase de son rôle, Shou se fond dans

1. Denk. III, 234 ; Pap. mag. Harris (hymne à Shou).

la lumière solaire pour en constituer la force qui détruit les ténèbres et les mauvais principes ; « sa personnalité s'unit à la personnalité de Ra ; il s'asseoit dans l'œil de

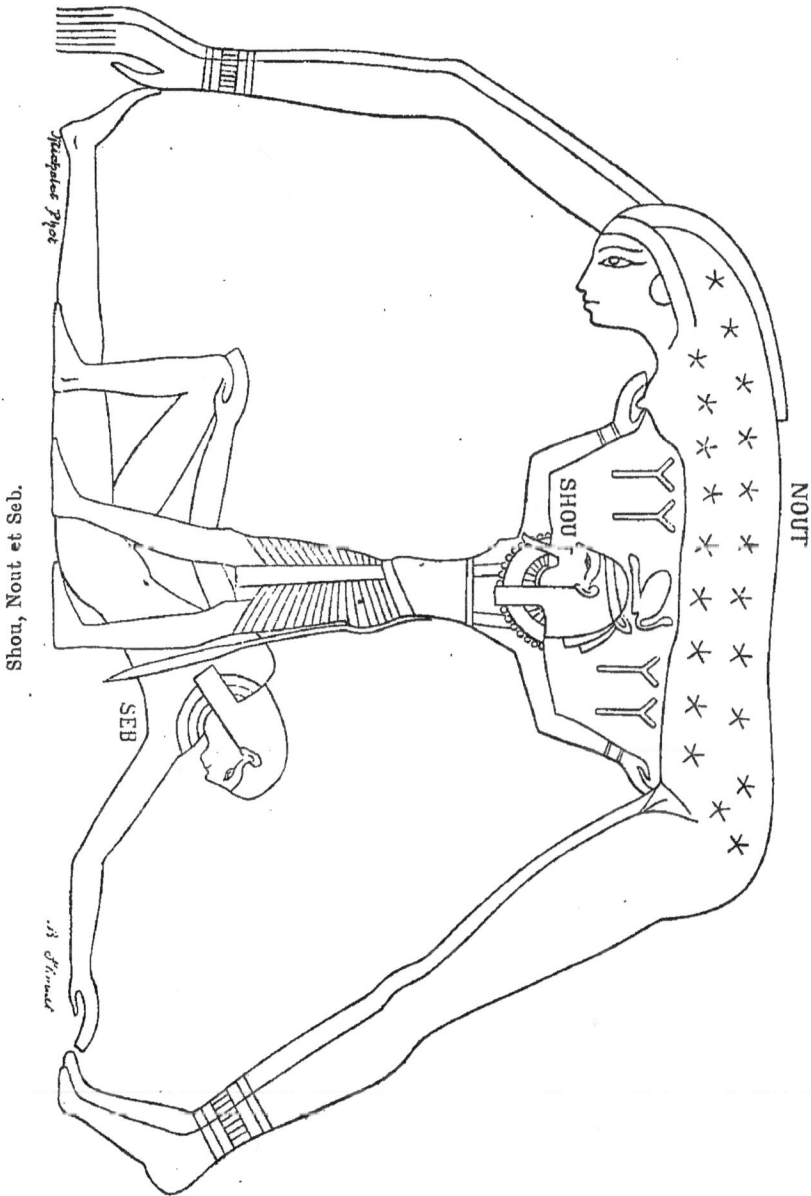

Shou, Nout et Seb.

SHOU

NOUT

SEB

son père, *hems khen ut'a atef-f*[1], d'où le titre qu'il porte à Philœ *ari hems nefer* « celui qui garde sa résidence radieuse. »

Représenté sur les boîtes de momie, debout entre le ciel et la terre, c'est-à-dire entre Nout et Seb, il a la tête surmontée de l'hiéroglyphe de la force : c'est ce qui le rattache à la déesse léontocéphale Tefnout qui, comme toutes les déesses à tête de lionne, personnifie la force des yeux du soleil, et qui est dite sa sœur et sa femme. Ils étaient adorés sous la forme de deux lions en Nubie, et ils sont souvent appelés les deux lions.

1. Pap. m. Harr. ib.

CHAPITRE II

FONCTION DU SOLEIL. ROLE DES DÉESSES.

Sekhet. — Tefnout. — Menhit. — Bast. — Sphinx. — Ra. — Ammon-Ra. — Le Pschent. — Les Urœus. — Nekheb. — Ouadj.

Les Égyptiens disaient que le soleil éclaire le monde de ses deux yeux, et ils voyaient dans sa lumière la *force* qui entretient la vie et maintient l'ordre dans l'univers. Cette force résultant de ses deux yeux est dite *double;*

La déesse léontocéphale.

l'astre-dieu est appelé le « maître de la double force », et ce mot force est écrit au duel avec l'hiéroglyphe du lion ↟↟. Voilà pourquoi les déesses qui personnifient la force des yeux du soleil sont des déesses léontocéphales et de là vient le symbolisme du lion et du sphinx.

Les déesses à tête de lionne s'appellent tour à tour Sekhet [1], Tefnout, Menhit, etc., et sont représentées coiffées du disque.

La déesse Bast, à tête de chatte, qui était adorée dans la Basse-Égypte, est regardée comme une forme adoucie des précédentes. Bast tient un sistre et une égide et porte à son bras un panier. On la trouve parfois avec une figure humaine coiffée d'une perruque bouclée.

Bast.

On a reconnu depuis longtemps que le lion se rattache à l'idée de lumière. L'horizon céleste d'où émerge le

---

[1] Le nom de Sekhet avait été primitivement lu Pacht.

soleil est supporté par deux lions. On lit au chapitre CLXII du Livre des Morts : « O lion doublement fort qui portes « haut la double plume, seigneur de la coiffure divine, « qui commandes par le fouet, c'est toi qui es le mâle « vigoureux par le rayonnement. » Cette légende désigne particulièrement le soleil renaissant de lui-même que personnifie Khem ithyphallique. Horus, autre forme du soleil levant, est comparé à un lion dans plusieurs textes. Sur un même sarcophage Osiris est appelé « le double lion, seigneur de Leontopolis, maître de la double force ».

Le sphinx n'est pas, comme on l'a dit, un emblème de la force unie à l'intelligence, explication abstraite qui n'est pas dans le goût de l'allégorie égyptienne; c'est un lion ayant tantôt une tête de bélier ou d'épervier, emblèmes éminemment solaires, tantôt une tête d'homme, lorsqu'il est affecté à la représentation du pharaon, lequel est une image du soleil levant.

Sphinx.

Un des noms du sphinx, *seshep*, signifie « faire la lumière »; le monument que nous reproduisons, et bien d'autres encore, nous le représentent orné d'une coiffure solaire, et le grand sphinx de Gizeh est une image d'Harmakhis.

Rien de plus simple que le rôle des déesses. Elles personnifient ou la lumière du soleil ou l'espace dans lequel il prend naissance et dans lequel il se couche. De même que le dieu Shou qui personnifie également la force de la lumière est appelé « fils de Ra », de même les déesses solaires sont appelées « filles du soleil » et il est tout naturel que, personnifiant en outre le récipient de l'astre, elles soient appelées en même temps « mère du soleil ». Leur rôle maternel résulte aussi de la protection qu'elles exercent sur lui. Du reste, la déesse est à la fois mère et fille, comme le dieu est à la fois père et fils.

M. Gréhaut a expliqué[1] que le soleil traversant le ciel d'orient en occident et ses deux yeux se partageant l'office d'éclairer le monde, l'œil gauche éclaire le sud et l'œil droit le nord. Nous pouvons, avec nos idées modernes, nous représenter le dieu égyptien comme planant au-dessus du cercle équatorial : il partage, dans sa course, le monde en région du midi et en région du nord; il est juste au milieu des deux terres; une partie de sa personne est tournée vers le sud, une autre est tournée vers le nord. On le dédouble allégoriquement en l'appelant le double Horus et l'Être double, en le représentant avec deux têtes. Un dieu dit à un roi : « Je t'ai donné la double force du double Horus et sa puissance[2] ». Le dédoublement solaire s'applique, dès les premières dynasties, aux pharaons considérés comme des Horus. Un

1. Hymne à Ammon de Boulaq.
2. Denkm. III, 119 (xviiiᵉ dynastie); Champoll. Not. II, 54; Denkm. III, 148.

double épervier figure dans la légende de Khoufou [1]. Papi est représenté en double [2]. M. Chabas a déjà signalé, mais sans l'expliquer, la duplication des déterminatifs dans les mots qui se rapportent aux dieux et aux rois [3].

La déesse qui n'est, en somme, qu'un aspect de la double illumination du dieu, est nommée au duel comme lui : « Je suis ta double sœur, dit Isis à Osiris. » — « Ra se joint à sa double mère. » Un Ptolémée se dit « aimé de la double mère divine ».

Ce dualisme (on est convenu d'employer ce mot faute d'autre), ce dualisme si précieux par sa symétrie, au

Ra.

1. Denkm. II, 2.
2. Id. II, 115 a.
3. Maximes d'Ani II, 40.

point de vue pittoresque, domine toute la symbolique égyptienne et il en est la clef.

Lorsque l'astre franchit l'horizon oriental, celui-ci devient le double horizon divisé en partie méridionale et en partie septentrionale : de même pour tous les lieux qu'il traverse. Sa marche dans le ciel est figurée tantôt par la course d'un disque ailé, tantôt par la navigation dans une barque d'un homme à tête d'épervier, le dieu Ra (Ra est ceint du pagne appelé *shenti* et coiffé du *Klaft* que surmonte le disque). Cette barque est remorquée par deux chacals appelés *ouvreurs de chemins :* l'un ouvre à la lumière les chemins du midi, l'autre les chemins du nord.

Le soleil *tranche* la terre (c'est le terme égyptien) en sud et en nord. Dans sa forme d'Ammon-Ra, il est représenté vêtu de la shenti, un collier au cou, et coiffé de la couronne rouge que surmontent deux grandes plumes : avec ces plumes, dit un texte du Louvre, il *tranche le ciel* [1], l'une fait la part du sud, l'autre la part du nord. Sur les monuments, le corps d'Ammon est peint en bleu; de sa coiffure pend une sorte de cordon descendant jusqu'à ses pieds. Il est figuré sur les pyramidions d'obélisques recevant l'hommage de l'encens et du vin. Ses statuettes le représentent souvent foulant aux pieds les neuf arcs qui, dans l'écriture hiéroglyphique, désignent les nations barbares et s'appliquent ici aux mauvais principes que dissipe la lumière. La statue de Ra qui accompagne ci-dessous celle d'Ammon présente la même allégorie au moyen de deux hommes renversés sous les pieds

I. P. Pierret, *Etudes égypt.*, II, 3 ; Cf. Hymne à Osiris de la Biblioth. nat. l. 13.

du dieu, Ammon-Ra était le dieu suprême de Thèbes, assimilé à Zeus par les Grecs.

Ammon-Ra.

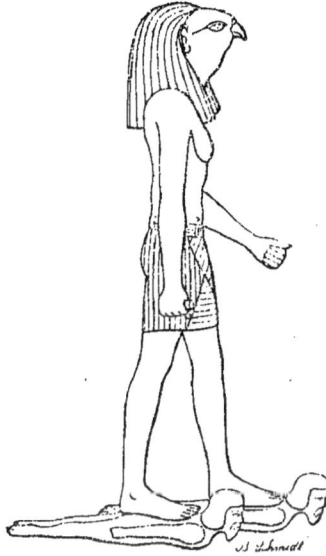

Ra.

Dans d'autres formes le soleil divinisé est coiffé du *pschent* ꙮ qui se décompose en deux parties, la couronne blanche ꙮ représentant le côté sud, la couronne rouge ꙮ représentant le côté nord. Cette coiffure est ornée à gauche et à droite de deux vipères ꙮ ꙮ appelées *urœus* [1] qui regardent l'une le sud, l'autre le nord : elles symbolisent le mal que peut faire le dieu en brûlant, en détruisant par le feu ses ennemis ; elles sont ses protectrices comme ses yeux, elles jouent le même rôle que

1. Οὐραῖος, transcription donnée par Horapollon du nom égyptien *árá* de l'aspic que les Arabes appellent *hajé*. Les gnostiques disaient Ὡ'ραιος. Dans l'enfer égyptien les urœus sont les exécuteurs de Ra ; ils vomissent des flammes sur les coupables.

les yeux et sont en équation avec les déesses qui personnifient ces derniers. L'œil solaire ⊕ appelé par les
archéologues Œil sacré ou Œil d'Horus et qui symbolise
le sud et le nord au sommet des stèles, a pour dénomination hiéroglyphique le mot *oudja* qui signifie « salut » ;
il jouait un grand rôle dans le talismanisme égyptien ; les
amulettes en forme d'*oudja* sont innombrables [1]. Les
déesses personnifiant la lumière du soleil sont appelées
souvent « mère du soleil » pour affirmer la perpétuelle
succession de la divinité à elle-même, le perpétuel renouvellement du soleil, et sur certaines coiffures royales,
c'est-à-dire divines, les deux urœus ont les cornes de
vache de la déesse mère ; par conséquent on aurait pu
dans l'un des titres solaires de la domination sur le sud
et sur le nord figurer la dualité des dites déesses tout
aussi bien par la double image d'un vautour sur une corbeille 𓅐 𓅐 [2] que par celle d'un urœus sur une corbeille 𓆓 𓆓 [3] ; on a fait part égale à chaque symbole en
représentant un vautour sur une corbeille suivi d'un urœus
sur une corbeille 𓅐 𓆓 ; le premier groupe 𓅐 répond
à la couronne blanche et à la déesse Nekheb, le second 𓆓
à la couronne rouge et à la déesse Ouadj. Nekheb, dont le
nom a été lu primitivement Souban, est représentée avec
une figure de femme coiffée du diadème *atef* 𓋚 ou sous
la forme d'un vautour muni des emblèmes de la vie ☥ et
de la sérénité 𓌉. Elle est la déesse du midi, principale-

---

1. Dans les offrandes que l'on fait aux dieux ⊕ ⊕ varient
avec 𓂀 et 𓂀.
2. Le vautour est l'hiéroglyphe de la maternité.
3. Cette supposition se trouve vérifiée par un passage explicite
du texte démotique de la Pierre de Rosette, relatif à la couronne
royale : voy. E. Revillout, chrestomathie démotique II, 48, 49.

ment adorée à Eileithya, chef-lieu du nome Latopolite, dans la Haute-Égypte.

Ouadj, appelée Bouto par les Grecs, est la déesse du Nord. Son sanctuaire était à Dep, ville située à l'extrémité de la branche de Rosette. Elle est figurée par un urœus ailé, coiffé de la couronne rouge ₰.

En résumé, les déesses sont appelées simultanément *mère* et *fille* du soleil parce qu'elles ne sont autre chose qu'un aspect de l'astre-dieu qui, s'engendrant perpétuellement, se donnant chaque jour la naissance, est dit aussi être son propre fils et son propre père. Les déesses exercent sur le soleil, à sa gauche et à sa droite, une double protection symbolisée par ses deux yeux, par les deux plumes de sa coiffure, par les deux parties de son diadème et les deux urœus dont il est orné.

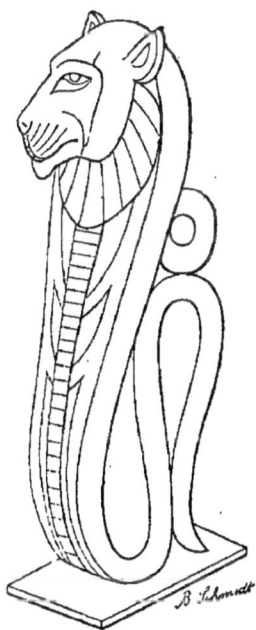

La figure ci-dessus, agrandissement d'un amulette en

lapis du Louvre, résume l'équation qu'il y a entre le symbolisme des urœus et celui de la déesse léontocéphale : les urœus sévissent et brûlent comme la lumière dont la déesse léontocéphale personnifie l'ardeur et la force.

CHAPITRE III

NAISSANCE DU SOLEIL

Mehour. — Neit. — Nout. — Thouëris. — Maut. — Khem.

L'espace dans lequel le soleil prend naissance est personnifié par des déesses qui s'appellent tour à tour Nout,
Neit, Mehour, Isis, Thouëris, Maut. Elles renouvellent
chaque jour l'enfantement de la première fois et elles ont,
quel que soit leur nom, un caractère primordial comme
ayant été le commencement des naissances; elles sont
dites « mère *des dieux* » puisque le dieu qui engendre
ses propres formes est issu d'elles : « Nout qui enfante
« les dieux [1]; Neit, la grande, la divine mère des dieux,
« qui enfante le soleil, la mère qui enfante, n'ayant pas
« été enfantée, commencement de tout enfantement avant
« qu'il n'y eût eu enfantement quelconque [2]. » Isis est
appelée « la déesse qui a commencé les divins enfantements [3] ». C'est un titre de divinité primordiale analogue
à celui de « dieu grand, commencement du devenir »
porté par Ptah et ses similaires, et qui, d'ailleurs, se rencontre en démotique attribué à des femmes sous la forme
Sha-kheperi, transcrite en grec par ΣΑΧΠΗΡΙΣ.

1. Denkm. III, 124.
2. Statuette naoph. du Vatican.
3. Mariette, Monum. div. XXV, c.

La vache est un emblème de maternité qui n'est pas exclusivement employé pour Isis et Hathor; toutes les déesses qui enfantent le soleil sont coiffées du disque inséré dans les cornes de la vache; Neit est appelée « la vache qui enfante le soleil ». On lit au chapitre XVII du Livre des morts : « le soleil d'aujourd'hui est né d'hier en haut de la cuisse de la vache Mehour[1] », et le texte ajoute : « or Mehour, c'est l'œil du soleil », nouvelle preuve de cette notion que toute déesse est *œil du soleil*.

Neit, déesse de Saïs, a pour coiffure la couronne du nord ou l'hiéroglyphe de son nom, et elle est représentée souvent armée de l'arc et des flèches qui doivent faire allusion au rayonnement que darde l'œil solaire, car en égyptien le mot *rayonnement* s'écrit par la flèche ←.

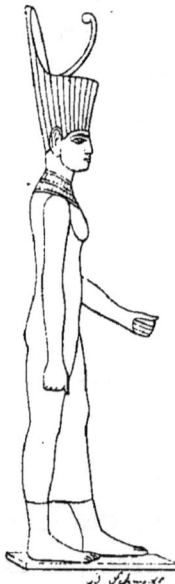

Neit.

1. *Mehour* signifie la grande pleine.

Nout est bien connue, c'est la voûte du ciel figurée par une femme (Cf. plus haut, p. 22); le soleil est souvent représenté sortant de son corps. Les statuettes de Nout sont extrêmement rares. Elle porte sur la tête le vase, hiéroglyphe de son nom.

Nout.

On la voit sur les coffrets funéraires et sur les vases à libations versant aux mânes l'eau céleste du haut d'un sycomore.

Thouëris ou Apet, au corps d'hippopotame, aux mamelles pendantes, coiffée aussi des cornes de vache, est une autre formule de la déesse mère et nourrice.

La représentation ci-après d'une Thouëris léontocéphale (d'après une figurine du Louvre) nous offre la réunion des emblèmes de la double fonction de la déesse comme mère du soleil et personnification de la lumière de l'astre. (Voir ce qui a été dit plus haut, p. 31, 32).

Thouëris est appelée dans le temple qui lui fut élevé
à Karnak, à côté du temple de Khoṇs : « Apet, la grande,

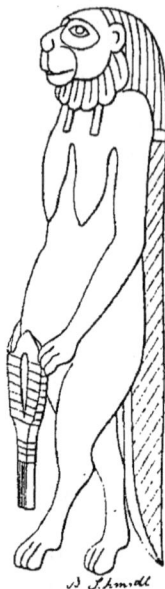

Thouëris.   Thouëris léon tocéphale

qui a enfanté les dieux, la mère du fécondateur de sa
mère, » c'est-à-dire du soleil.

Le papyrus 3148 du Louvre qui symbolise les différentes
puissances de la divinité sous la forme de différents animaux, a recours à la truie pour désigner la fécondité et
l'allaitement[1]. Or sur le plat d'un amulette en bronze que
possède notre musée[2] et représentant un groupe d'une
truie et de deux gorets, ce symbolisme est personnifié
par une déesse qui est une forme de Thouëris et qui est
nommée *Ta-our-noub-hotep*.

Maut, épouse d'Ammon, est proprement la déesse de
la maternité car son nom signifie *mère* et s'écrit par le

1. P. Pierret, Etudes égypt. i, 61.
2. Salle des dieux, armoire K.

vautour, son animal emblématique, dont la tête s'allonge sur son front et dont les ailes forment sa coiffure ; Maut est en même temps coiffée du pschent.

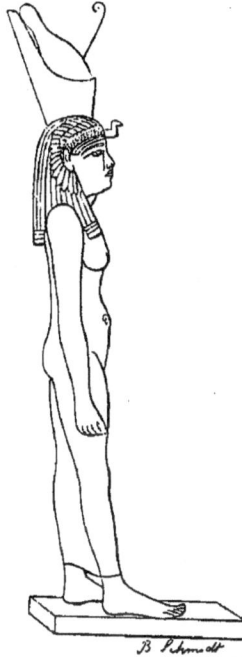

Maut.

L'épouse d'Ammon porte aussi le nom d'Ament et est appelée. « Celle qui réside à Thèbes. » Elle est coiffée de la couronne rouge. Ses mains sont tendues en avant comme pour recevoir une ablution exprimée par l'hiérolyphe de l'eau.

Nous avons vu tout à l'heure que Thouëris-Apet est appelée « la mère du *fécondateur de sa mère* ». Ce titre singulier de « fécondateur de sa mère » m'amène à expliquer ce qu'est la triade égyptienne. Le dieu solaire se renouvelle chaque jour en s'engendrant lui-même, « tau-

reau ou fécondateur [1] qui se renouvelle dans le ciel chaque
jour » en produisant dans son propre sein un autre lui-
même. On a matérialisé cette idée en imaginant une
divinité féminine qui symbolise l'espace, qui est le dédoublement du dieu dont elle reçoit le germe fécondant et
qui enfante un dieu fils identique au père. Cette identité
est clairement, brutalement rendue par le titre « fécondateur de sa mère » dont le dieu ithyphallique Khem est
l'expression saisissante.

Khem.

Tel est le sens de la triade, qu'elle s'appelle **Ammon,
Maut et Khons** à Thèbes, — **Osiris, Isis et Horus** à Abydos, — **Ptah, Sekhet et Nofré-Toum**, à Memphis — **Mentou, Sati et Khem** à l'île de Konosso, — **Noum, Nebouout**

1. Cf. suprà, p. 1.

et Hika à Esneh ; les dieux fils Khons, Horus, Nofré-
Toum, Khem et Hika personnifient le soleil levant.

Une autre triade, composée d'un dieu et de deux
déesses, comme Horus entre Isis et Nephthys, ou Noum
entre Sati et Anouké, se réfère à un autre ordre d'idées ;
c'est le soleil placé entre ses deux protectrices, ainsi que
la tiare entre ses deux plumes 🪶 , le disque entre les
deux urœus ∾.

CHAPITRE IV

LE SOLEIL DIURNE

Ra. — Harshefi. — Mentou. — Soupti. — Sebek-Ra. — Reshep. —
Bès. — Set. — Set-Horus.

Suivons le soleil dans son parcours diurne. Il s'est
élancé dans le ciel comme un épervier, d'où la forme
hiéracocéphale du dieu ; il domine sur le sud et le
nord, d'où son titre « roi du sud et du nord » écrit
par le roseau et l'abeille ⚶⚶, Ra *ma kherou*, qui
ne signifie pas, comme on traduisait autrefois « roi de
la Haute et de la Basse Egypte, Ra justifié. » De quoi
le soleil a-t-il besoin d'être justifié? Ce titre n'implique
aucune nuance d'evhémérisme, ni pour le dieu Ra, ni
pour aucun autre ; il doit se traduire : « le roi du sud et
du nord, Ra, dont la parole est vérité, » qualifications
purement solaires. L'encadrement elliptique ◖ appelé
cartouche n'est-il pas lui-même l'hiéroglyphe allongé du
sceau ◯, qui exprime le circuit de l'astre ? Ces titres ne
sont pas devenus divins parce qu'ils étaient royaux,
mais ils sont devenus royaux parce qu'ils étaient divins.
Le pharaon est un soleil levant. Ramsès III dit à Ammon,
dans une incription de Médinet Abou : « Tu me places
en roi avec toutes les régions sous mes pieds ; tu me

lègues le circuit Ω du disque. » Il dit ailleurs au même dieu : « tu me places en roi dominant la double terre, en régent, sur ton siége grand ; tu me lègues les régions dans leur entier. » L'assimilation du roi d'Égypte à un soleil levant est un fait reconnu depuis longtemps; il est palpable pour tout visiteur d'un musée sous les yeux duquel tomberont ces bronzes, représentant un roi sortant, comme Horus enfant, du calice d'un lotus.

Pharaon assimilé à Horus.

·Le roi-soleil de Versailles n'était qu'un timide imitateur des pharaons.

Le Pharaon étant un Horus est une fonction du dieu suprême, du dieu primordial qui réside en lui : « Toutes les nations ensemble apportent leurs tributs au dieu bon *de la première fois*[1], Toutmès I, vivant à toujours,

1. C'est-à-dire au dieu primordial.

l'Horus fort, maître de la double terre, etc. [1]. » Le Pharaon est dieu et ne fait qu'un avec tous les dieux. M. Prisse d'Avennes a fait observer que Séti Ier, représenté jeune à Karnak, est figuré vieux à Gournah : « Ce qu'il y a de remarquable, dit cet auteur, dans ce dernier édifice, c'est que *tous les dieux et même les déesses portent les traits du roi et paraissent avoir vieilli avec lui.*[2] »

Le soleil traverse le ciel comme un *épervier d'or*, ou c'est un homme à tête d'épervier qui navigue dans une barque[3], ou simplement un disque ailé ⚊ ou un « cou-« reur infatigable, allongeant les jambes, circulant à « travers le monde sans s'arrêter, sans trève à sa beso-« gne. Illuminant la double terre, il est le maître de la « vie, il fait subsister tout ce qu'il a produit ; il pro-« duit les plantes nutritives, fait la végétation, fait sub-« sister les troupeaux ; la production de ce qui existe, « des animaux et des hommes sort de son œil[4]. Il en-« gendre et détermine les formes[5].

Le soleil diurne dans toute la puissance de sa radiation est appelé « le maître de la double force et de l'ardeur, » ardeur symbolisée par le dieu criocéphale d'Héracléopolis, Harshefi, dont le nom signifie le « maître de l'ardeur », et aussi par le dieu thébain Mentou ou Month-Ra à tête d'épervier. Mentou, coiffé de la double plume d'Ammon, ayant parfois deux têtes, est armé du glaive *Khopesh* ou tient une masse d'armes, un arc et des

1. Denkm III, 5.
3. Prise d'Avennes, l'Art égyptien, Texte, p. 412.
2. Sous sa forme de dieu Ra.
4. C'est-à-dire résulte de sa lumière.
5. Hymne à Ammon de Boulaq ; Todtenb. cxli, 3 ; Recueil Vieweg II. Monum. de Leide III, 19 ; Zeitschr. 1868, 150.

flèches, attributs de force et de radiation solaire en rapport avec son titre « maître de la double force.[1] »

Month ou Mentou.

Le même rôle est dévolu au Dieu du nome arabique, Sept ou Soupti, à corps d'épervier accroupi, coiffé de la double plume et parfois tenant l'arc.

En réalité, ces dieux nous offrent une variante du rôle des déesses léontocéphales, qui, exprimant la force invincible des feux du soleil, renversent les ennemis de l'astre. Considéré sous cet aspect, le soleil est redoutable[2] et, à ce titre, il est personnifié par des divinités qui, en d'autres circonstances et à de certaines époques, ont été des dieux du mal. Ainsi le crocodile qu'Horus foule

1. « Le disque projetant ses rayons brûlants est comparé quelquefois à la pique d'un guerrier. » (Grébaut, Recueil Vieweg III, 115.)
2. « Les terreurs qu'inspire ta double force, ô Ammon ! » dit le Papyrus magique Harris (VIII, 3, 4).

aux pieds comme un être malfaisant, un mauvais principe, un ennemi (*Seba*), devient un dieu solaire « à bouche terrible[1] » adoré au Fayoum, dans le nome Athribite,
à Silsilis, à Ombos, à Assouan, sous le nom de Sebek-Ra[2].
Il est représenté avec une tête de crocodile que surmontent le disque du soleil et les cornes de bélier. Dans un
papyrus de Boulaq, il est appelé fils d'Isis, et il combat
les ennemis d'Osiris : c'est une assimilation complète à
Horus.

Sebek-Ra.

Le culte de Sebek est ancien car le nom de ce dieu a
été mis à contribution par des pharaons de la XIIIᵉ dynastie pour composer leur nom royal. Les feux du soleil

1. Brugsch, dictionn. géogr. 197.
2. Denkm. iii, 8, 28, 114 ; Champoll. Not. i, 227 ; Mariette, Pap.
de Boulaq i ; Pierret, Etudes égypt. ii, 78.

dans ce qu'ils ont de redoutable et de funeste ont été de
la même manière personnifiés par les dieux asiatiques
que les Égyptiens admirent dans leur panthéon, comme
Reshep, Baal, Bès et Set.

Reshep, dieu phénicien, est quelquefois représenté
tenant une lance de la main gauche et de la main droite
une masse d'armes, tandis qu'un carquois plein de flèches
pend sur son dos. Il est coiffé de la mitre blanche ornée
d'une tête d'oryx, de gazelle ou de bélier. Sur une stèle
du Louvre et sur une stèle de Turin on le trouve associé
à la déesse syrienne Qadesh qui, debout sur un lion pas-

Khem, Qadesh et Reshep.

sant, lui tend d'une main un serpent et de l'autre offre
un bouquet de papyrus à Ammon ithyphallique.

Je ne connais pas de statue égyptienne de Baal qui
était le Dieu suprême des Phéniciens. Le nom de Baal

écrit hiéroglyphiquement est déterminé par l'animal typhonien.

Bès, dont on ignore la provenance mais qui fut certai-
nement adoré en Arabie avant de l'être en Égypte, est
un dieu monstrueux aux yeux à fleur de tête, à la langue
pendante, aux jambes écartées. Il est vêtu d'une peau de
léopard et coiffé d'un bouquet de plumes. Comme dieu
guerrier, il est muni d'un bouclier et brandit une épée
ou tire de l'arc. Il figurait sur les chevets [1] afin de pro-
téger les dormeurs contre l'influence des mauvais génies.
Il a aussi un caractère de dieu de la danse et de la
musique difficile à concilier avec le précédent : on le voit

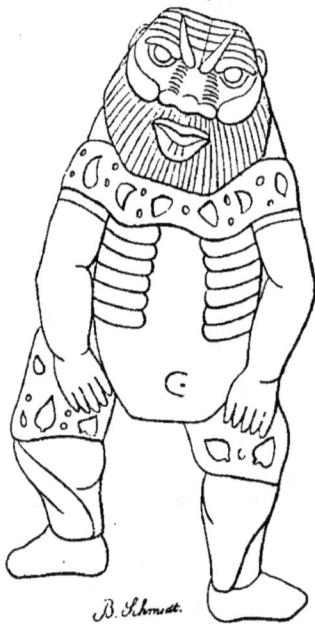

Bès guerrier. Bès dansant Bès jouant de la harpe.
(D'après trois statuettes du Louvre.)

jouant de la harpe ou frappant des cymbales et dansant ;

1. On donne ce nom à des ustensiles de forme hémisphérique
dont se servaient les Égyptiens pour appuyer leur tête en dormant.

c'est à ce titre sans doute qu'il est représenté sur les objets de toilette à l'usage des femmes. Quoi qu'il en soit, le Livre des morts l'identifie avec Set.

Set paraît être un dieu d'importation asiatique : nous le voyons adoré sous le nom de Soutekh par les Hyksos et les Chananéens. Introduit dans le mythe osirien, il y symbolise le mal et devient le meurtrier de l'*Être bon*, mais il prend rang dans la hiérarchie divine comme fils de Nout et personnifie l'ardeur et la force de la lumière solaire ; il est « maître de la double force [1] » et « irrésistible. » [2] De même que Neit tenant l'arc et les flèches symbolise la radiation solaire [3], Set figure tirant de l'arc sur quelques monuments. Il est représenté par un homme à tête de quadrupède au museau long et

Animal symbolique de Set.

1. *á á pehti* (stèle de l'an 400.)
2 *Ur heka u*, titre des déesses léontocéphales.
3. Comparez le nom de la déesse Sati qui veut dire *flèche*.

busqué, aux oreilles droites ; ce quadrupède que les naturalistes n'ont pas encore identifié est généralement désigné sous le nom d'animal typhonien[1].

Associé à Horus sous la figure d'un dieu à double tête d'épervier et d'animal typhonien, et sous le nom de « le ayant deux faces, » Set se substitue à l'allégorie du double Horus et du double Mentou dont une face regarde le sud et l'autre le nord. C'est un dédoublement du dieu solaire. Set et Horus ainsi réunis sont appelés les deux lions et les deux Rehous ; on les assimile à Shou et Tefnout ainsi qu'aux deux déesses protectrices personnifiant les *deux yeux* : « les deux Rehous, les deux sœurs, les deux yeux-déesses. [2] » Une légende mythologique fut constituée pour eux racontant qu'ils se combattirent pour la succession de leur père Osiris et que Thot, le dieu pondérateur, intervint comme juge pour leur assigner à chacun son domaine, à l'un le sud, à l'autre le nord : « Je suis Thot, j'ai jugé les deux Rehous. [3] » — Le pays du sud et du nord résultent du partage d'Horus et de Set[4] « Hatasou, après avoir dit qu'elle coiffe la couronne blanche et la couronne rouge, ajoute : « les deux Horus ont réuni pour moi leurs domaines ; je gouverne cette terre comme Horus et j'ai la force de Set. » C'est le pendant de cette autre phrase : « Dieu a fait, dit Aménophis II, que toute terre me fût soumise, il m'a donné la part des deux Horus. [5] » De même que certaines déesses se disent *vue du soleil* au lieu de *œil du soleil*, une épouse

---

1. Set était appelé Typhon, Τυφών, par les Grecs.
2. Todtenb xxxvi.
3. Id. cxxiii.
4. Denkm. iii, 129.
5. Duemichen, Histor. Inschrift. ii, 38 b.

du roi Khafra s'intitule « Vue de Horus-Set. [1] » La légende remonterait donc à la IVe dynastie.

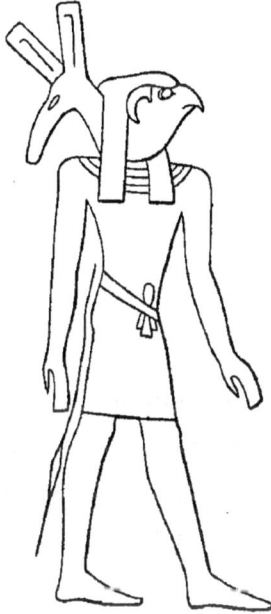

Set-Horus.

1 Cf. E. de Rougé, les six prem. dyn^{ies} p. 58.

CHAPITRE V

LE SOLEIL NOCTURNE

Toum. — Seb. — Tanen. — Osiris. — Isis. — Nephthys. — Horus. — Anubis. — La mort de l'homme assimilée à la disparition du soleil. — Jugement de l'âme. — La déesse Ament. — Sokari. — Enfer égyptien.

Lorsque le soleil a terminé sa course diurne sous le nom de Ra, il se couche à l'occident sous le nom de Toum ou Atoum. Toum est représenté par un personnage à figure humaine, coiffé du pschent ; il était particulièrement adoré à Héliopolis.

Toum.

« Paroles à prononcer, dit le chapitre XV du Livre des
« morts, lorsque le soleil se couche : Adoration à Toum
« se couchant dans le pays de la vie. [1] Salut à toi, père
« des dieux ! » (J'ai expliqué que Toum, en sa qualité
de soleil nocturne, a un caractère de dieu primordial
parce que la nuit du chaos a précédé la création lumi-
neuse : τὸ σκότος τοῦ φωτὸς ἐστι πρεσβύτερον dit Plutarque).

« Tu rejoins ta mère à l'occident où ses bras te rejoi-
gnent quotidiennement. » (Cette mère symbolisant le
ciel nocturne est généralement représentée par Hathor
qui anime aussi, sous la forme d'une vache, la montagne
de l'Occident

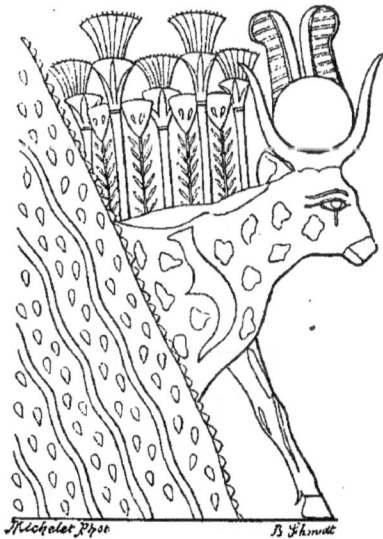

Hathor personnifiant la montagne de l'occident.

Hathor, réceptacle du soleil nocturne, enfante le soleil
levant ; elle est représentée ordinairement en femme à
tête de vache, coiffée du disque, et ne diffère pas avec
Isis qui joue un rôle identique dans le mythe osirien.)

« Tu te couches dans la montagne de l'Occident, tes

---

1. C'est-à-dire le pays où l'on renaît à la vie.

rayons sillonnent la terre pour éclairer les occidentaux, ceux qui sont dans l'hémisphère inférieur. »

Hathor.

Ainsi le soleil, mort pour les hommes, va fournir une nouvelle course, il va éclairer ceux qu'on appelle les occidentaux, les habitants de l'hémisphère inférieur, de la région souterraine dans laquelle on pénètre par l'occident. On dit alors au soleil : « tu navigues vers un autre double ciel, » celui de l'enfer, dans lequel l'astre semble pénétrer en s'enfonçant dans la terre, et il semble sortir de la terre au point opposé, à l'orient, pour recommencer sa course. » Toum sort de la terre « dit le papyrus de Soutimès. [1] « Œil lumineux d'Horus sorti de terre ! [2] » De là vient qu'on donne au soleil pour *père* la Terre personnifiée par un dieu, tandis que le ciel, sa mère, est person-

---

1. Guieysse et Lefébure. Le Pap. de Soutimès, VIII, 9.
2. Recueil Vieweg, III, 135.

nifiée par une déesse, Nout, Neit, Hathor, Maut, [1] Mehour etc., suivant les localités. Le dieu qui personnifie la
Terre est tantôt Seb, tantôt Tanen. [2] Seb est souvent figuré couché à terre, tous les membres couverts de feuil-
lage tandis que le corps de Nout se courbe au-dessus de
lui. [3] La végétation terrestre est rappelée par le titre que
reçoit Seb de *seigneur des aliments* et la fécondité du sol
par la forme ithyphallique donnée à ce dieu. Seb a quelquefois la tête surmontée de l'oie qui servait à écrire son
nom.

Seb.

Ce dieu est naturellement *père des dieux* comme Nout
est *mère des dieux*. Non seulement à Seb se substitue

---

1. En ce qui concerne Maut ![hieroglyph] Horapollon ne s'est pas trompé
en disant que « les Egyptiens γράφοντες οὐρανίαν γῦπα ζωγραφοῦσι (I, 11). »
2. Cf. Lefébure, traduction du chapitre xv du Todtenb. p. 94.
3. Cf. suprà p. 22.

quelquefois Tanen,[1] mais à Nout et aux déesses similaires se substitue une déesse Tanen à coiffure hato-
rienne[2].

Il peut paraître étrange au premier abord que Seb et
Tanen, qui personnifient la Terre, portent une coiffure
solaire;[3] cependant il est très naturel que le Dieu Terre,
jouant le rôle de père du soleil, soit identifié avec cet
astre, de même que, en raison de ce qui a été dit plus
haut sur la conception de la Triade, Ammon est identifié
avec Khons, Osiris avec Horus, Toum avec Ra. Remar-
quons en outre qu'on assimile Tanen à un soleil nocturne
en lui attribuant un rôle primordial puisqu'on le fond
avec Ptah dans le personnage de Ptah-Tanen ou Ptah-
Tatounen.

De même que Ra était la personnification la plus populaire du soleil diurne, Osiris était la personnification
la plus populaire du soleil nocturne. En raison de l'explication que je viens de donner, on disait qu'il réside dans
Tanen, ainsi que dans la nuit, et « qu'il sort du sein de
sa *mère* Seb, enfanté par Nout, pour reparaître au jour
et régir le monde en soleil levant. [4] » La féminisation de
Seb en cet exemple a pour but de souligner la parturition
qu'on attribue à la Terre divinisée ; elle est une nouvelle
preuve des libertés qu'on prenait dans le maniement de
l'allégorie et du peu de consistance des figures divines au
point de vue anthropomorphique.

Comme autre exemple de la variété des images par lesquelles était rendue une même idée mythologique, re-
marquons qu'il est dit quelquefois d'Osiris, soleil nocturne
succédant au soleil diurne, qu'il est fils de Ra, héritier

1. Tanen est le même que Ptah-Tatounen décrit plus haut p. 6.
2. Cf. ci-dessus, p. 52, la coiffure de la vache d'Hathor.
3. Cf. Louvre D. 29, et Champoll Not. 1. 639.
4. Duemichen, Hist. Inschrift. II, 4.

de Ra, [1] et même fils d'Horus [2] dont il est ordinairement le père. La généalogie se renverse, les ascendants deviennent des descendants suivant le point de vue où l'on s'est placé pour animer les phases solaires, suivant qu'on veut désigner le soleil diurne succédant au soleil nocturne ou le soleil nocturne succédant au soleil diurne.

Le rôle d'Osiris est donc d'éclairer la région infernale, la demeure des morts, d'illuminer leur retraite de l'éclat de ses yeux [3]; il est aimé des habitants de cette région comme le « beau de visage [4] » On voit que Ptah n'est pas le seul qui porte le titre « beau de visage »; Ammon en est également gratifié [5]; c'est un titre purement solaire qui n'a pas besoin d'être expliqué.

On connaît la légende d'Osiris, l'Etre bon, tué par Set qui dispersa son cadavre. Les membres épars du défunt furent recueillis par ses sœurs Isis et Nephthys et embaumés par Anubis qui devint le dieu de l'ensevelissement [6]. Horus, né d'Osiris et d'Isis, succéda à son père et le vengea dans un combat contre Set: aussi est-il appelé « le vengeur de son père. »

Cette légende est étroitement liée au symbolisme solaire. Quand l'astre a disparu aux regards de l'homme, quand il est pour lui le soleil mort, il s'appelle Osiris et il renaît à l'Orient sous le nom d'Horus, *Har-em-Khou*,

---

1. Stèle de Thoutmès publiée par M. Rossi; Mariette, monuments div. xxvii.
2. Hymne à Osiris de la Bibliothèque, l. 17.
3. Louvre, Pap. 3292.
4. Id.
5. Hymne à Ammon de Boulaq.
6. Anubis est représenté penché avec sollicitude sur le lit funèbre ou entourant la momie de ses bras. Il est figuré avec une tête de chacal peinte en noir et est aussi symbolisé par ce quadrupède accroupi sur un coffret funéraire. On l'appelle « le guide des chemins » parce qu'il semble frayer aux hommes les chemins d'outre-tombe en accomplissant les rites funéraires.

Harmakhis. A ce moment il a triomphé des ténèbres, ses ennemies, que personnifie tantôt Set, tantôt le grand serpent Apap (Apophis). Cette nouvelle forme de soleil ressuscité, triomphant des ténèbres, que représente Horus, est véritablement la *vengeresse* de la forme précédente de soleil disparu que représente Osiris. Les deux déesses Isis et Nephthys, protectrices d'Osiris, forment un parallélisme parfait avec les deux déesses protectrices de Ra, le soleil diurne, qui personnifient la lumière de ses deux yeux et sont symbolisées tour à tour par les deux vipères de son diadème, les deux plumes de sa coiffure, la couronne blanche et la couronne rouge. Or ce rapprochement n'est pas imaginaire, il est formellement exprimé dans un passage du chapitre XVII du Todtenbuch[1] :

« Sont ses deux plumes sur sa tête la marche d'Isis
« avec Nephthys qui font sa protection en jumelles. C'est
« là ce qui est placé sur sa tête ; autrement dit, ce sont
« les deux vipères très grandes qui sont sur son front ;
« autrement dit, ce sont ses deux yeux, ses deux plumes
« sur sa tête. »

Cette glose dont Emmanuel de Rougé disait dans sa belle étude sur le Rituel funéraire qu'elle n'est guère plus compréhensible que le texte qu'elle prétend expliquer, est maintenant parfaitement claire pour nous.

La vie de l'homme était assimilée à la vie du soleil ; il disparait dans la tombe, située à l'ouest en Égypte, comme le soleil disparaît à l'occident ; il s'appelle Osiris comme le soleil disparu et, comme lui, il renaîtra pour de nouvelles existences. Telle est la doctrine consolante que l'Égyptien emportait avec lui en quittant la vie.

Osiris est le dieu des morts : c'est son domaine qui est affecté au châtiment des coupables et à la récompense

1. Col. 11.

des justes, récompense ou châtiment résultant d'un jugement prononcé par lui et enregistré par Thot. Le rôle

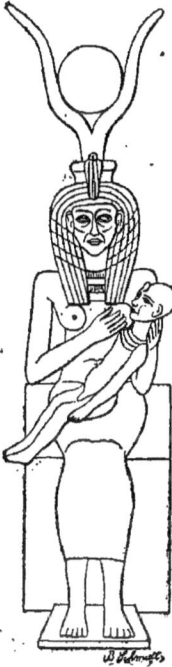 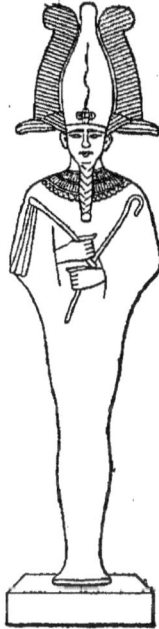 

Isis.   Osiris,   Horus enfant (Harpocrate.

d'Osiris est parfaitement expliqué par son costume : il
porte l'enveloppe de la momie et il est coiffé de la mitre
solaire.

Le mort était censé pénétrer dans l'Hadès égyptien par
une porte s'ouvrant sous ses pieds dans la tombe, et
après y avoir subi diverses épreuves dont la plus impor-
tante était le jugement de son âme, il sortait de la région souterraine à l'orient, comme le soleil, pour accomplir de nouvelles existences et revêtir toutes les formes
qui lui plaisaient.

De même que les Grecs, les Égyptiens décomposaient
l'âme en νοῦς (intelligence) et ψυχή (âme matérielle des
sens et des organes). Le *nous* égyptien s'appelait *Khou*
et la *psuké* s'appelait *Ba*. L'âme est représentée par un

épervier à tête humaine ![glyph]. D'après MM. Maspero et
Lepage Renouf, ils désignaient en outre sous le nom de
Ka ![glyph] une sorte de double de la personne humaine,

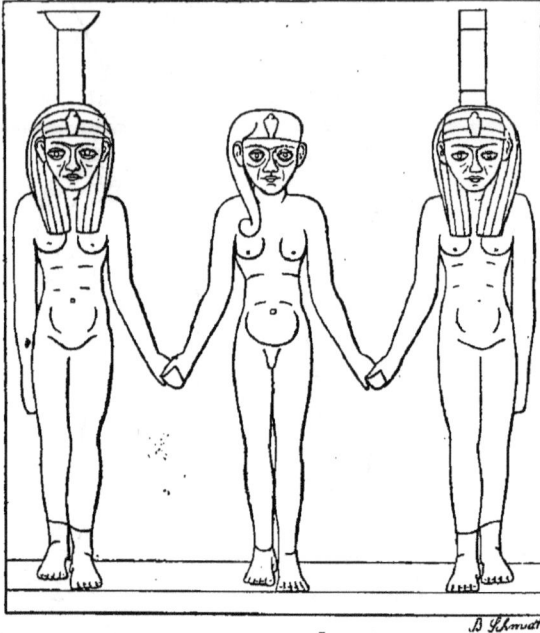

Horus entre Isis et Nepthys.

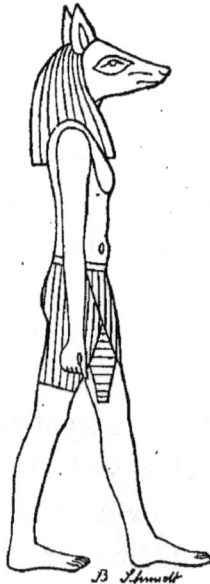

Anubis osirien.   Anubis (forme ordinaire.)   Nephthys.
(D'après des statuettes du Louvre.)

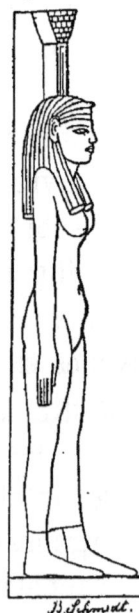

moins matériel que le corps mais qui était censé vivre dans la tombe et s'y nourrissait des offrandes que déposaient les survivants aux jours prescrits. Ce reflet du défunt était matérialisé par les figurines que l'on plaçait dans les tombeaux et dont on multipliait les exemplaires pour le soustraire à l'anéantissement. Aujourd'hui encore, en Égypte, par une superstition semblable, mais dans un esprit contraire, les Arabes détruisent ces mêmes statues pour tuer le *génie* du tombeau.

Pour que l'âme puisse se rendre dans la salle du jugement, il faut d'abord lui ouvrir les portes du tombeau; c'est à quoi tendent les paroles du chapitre xcii du Livre des Morts intitulé : « Ouvrir le tombeau à l'âme et à l'ombre... être en possession de ses jambes. » Ce titre est illustré par l'image du défunt ouvrant une cellule d'où son âme s'échappe[1] : « J'ouvre le chemin à mon âme, dit-il, je suis en possession de mes jambes. Je verrai le dieu grand (Osiris) dans l'intérieur de son naos, le jour de juger les âmes. »

L'âme rendue à la liberté efface les souillures qui restent en elle en subissant victorieusement diverses épreuves, puis elle est admise dans la grande salle du jugement.

Posons le décor de cette scène, tel que nous l'offre le grand tableau du chapitre cxxv. A gauche, Osiris est assis dans un naos; à droite, le défunt est introduit par la déesse Vérité, au-dessus de lui est écrit son nom que précèdent les mots : « il est dans l'Amenti pour se faire juger[2]. »

L'Amenti ou région occidentale, l'Enfer, est personnifié par une déesse nommée *Ament* qui a la tête surmontée

1. Cf. aussi Todteub. xxvi, 6.
2. Rituel Cadet.

du groupe hiéroglyphique de l'Occident, et par une autre déesse à coiffure isiaque nommée *Merseker*, c'est-à-dire « aimant le silence. »

Déesse de l'Amenti.

Derrière la déesse Vérité Horus et Anubis procèdent au pèsement de l'âme, ou plus exactement du cœur du mort. Le cynocéphale, assis au sommet de la balance, en symbolise l'équilibre. Thot inscrit la sentence que prononce Osiris. Deux génies assis, l'un mâle, nommé Shaï, l'autre féminin, nommé Ranen personnifient le destin et la fortune [1]. La déesse Ranen, qui préside aux moissons et à l'abondance, symbolise au propre l'alimentation : *ranen* signifie « allaiter ». Elle est représentée avec une tête d'urœus ou avec une tête de femme surmontée d'un urœus ; elle a parfois la coiffure d'Hathor.

Devant Osiris sont figurés les quatre génies funéraires,

1. G. Maspero, Etudes égypt. 27.

nommés Amset, Hapi, Tiaumautef, Kebhsennouf, ils semblent sortir d'une fleur de lotus épanouie, autre emblème de résurrection[1]. Ces quatre génies étaient chargés de la garde des viscères que l'on embaumait séparément dans les vases appelés canopes.

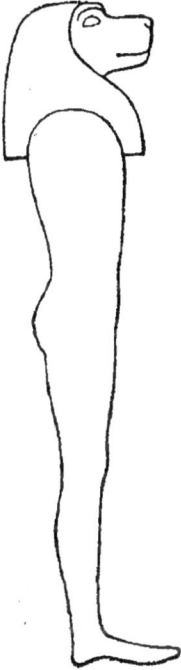

Hapi.

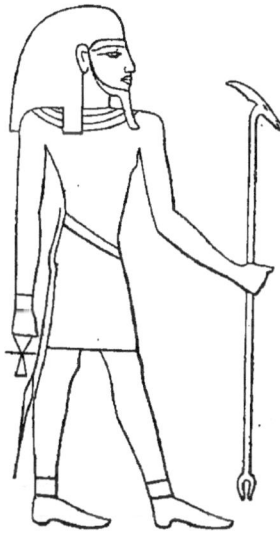

Amset.

La scène est dominée par les quarante-deux juges assesseurs d'Osiris, qu'invoque le défunt, agenouillé devant un autel.

Sur l'entablement de la salle sont figurés, comme ornementation, huit groupes formés des emblèmes de la vérité, du feu et de la divinité. Au milieu de la corniche, le dieu Shou, entre les deux yeux sacrés, représente la course diurne du soleil, qui est encore une promesse de

1. Le calice bleu de cette fleur s'ouvre chaque jour au soleil du matin.

résurrection ; aux deux extrémités, un singe équilibre une balance.

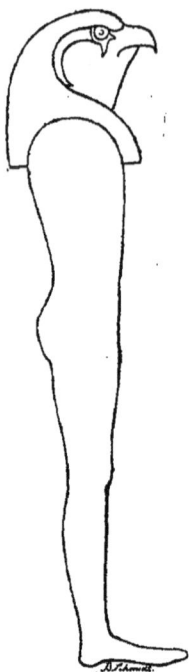 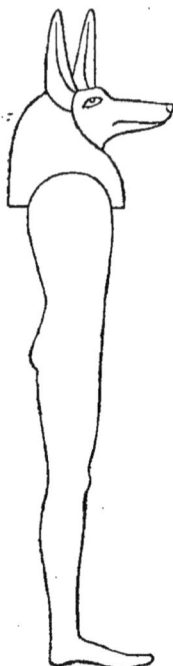

Kebhsennouf.   Tiaumaûtef.

Voici le discours que l'âme adresse aux assesseurs d'Osiris :

« O dieux, habitants de la région souterraine, écoutez la voix de l'Osiris N[1]. Il est arrivé auprès de vous. Il n'y a plus aucune faute en lui, plus aucun péché contre lui, aucun témoignage contre lui. Il vit de la vérité, il se nourrit de la vérité. Le cœur des dieux est satisfait de tout ce qu'il a fait. Il a donné du pain à celui qui avait faim, de l'eau à celui qui avait soif, des vêtements à celui qui était nu. Il a offert des aliments aux dieux et aux mânes. Il ne s'est produit de rapport contre lui devant aucun dieu. »

L'âme dit à Osiris :

1. Il faut se rappeler que tout mort devenait un Osiris.

« Je me place devant toi, seigneur d'éternité. Je n'ai pas de péché. Je n'ai pas d'accusateur. Je n'ai rien fait pour cela. Ce que j'ai fait, les hommes le proclament, les dieux s'en réjouissent. Salut à toi, habitant de l'Amenti; Être bon, seigneur d'Abydos! accorde-moi le passage du chemin des ténèbres, que je rejoigne tes serviteurs, habitants de la région souterraine. »

Cependant Horus et Ambis procèdent au pèsement des actes du mort que représente son cœur : posé sur un des plateaux de la balance, cet organe doit équilibrer exactement l'hiéroglyphe ou la statue de la vérité que supporte l'autre plateau. Le résultat de la pesée est ainsi énoncé par Anubis : « Le cœur fait l'équilibre par son maintien. La balance est satisfaite par l'Osiris N. » En foi de quoi Thot enregistre la sentence : « Il lui est accordé que son cœur soit à sa place, » c'est-à-dire qu'il retourne dans sa poitrine[1]. Nous savons que le cœur était embaumé séparément et qu'il était remplacé par un scarabée dans la poitrine de la momie.

Voici donc l'âme absoute. Elle peut dire comme au chapitre LXXXV du Livre des morts : « Je ne pénètre pas dans la cellule du meurtre de la région souterraine; on ne me fait pas ce qu'on fait à ceux que détestent les dieux. » Ou comme au chapitre CXLIX : « mon âme n'est pas emportée vers la salle de l'immolation, elle n'est pas détruite, » ou enfin, comme au chapitre CLXIII, elle est sauvée de celui qui dévore les âmes emprisonnées dans la région souterraine. »

Les âmes impies pouvaient être torturées par l'eau et le feu, elles pouvaient aussi être condamnées à une immobilité équivalant au non être : « Les rebelles deviennent choses immobiles pendant des millions d'années[2]. »

1. Lepsius, Todtenb. L.
2. Todtenb. XCIII, I.

Mais l'âme pieuse, accomplie (*menkh*) ne redoute aucun de ces châtiments : « Elle ne périra pas dans la divine région inférieure. » Elle peut se réunir à son *Khou*[1], pour rentrer dans son corps ou dans tel autre qu'elle voudra et accomplir de nouvelles existences, en un mot, pour nous servir d'une expression, très fréquente dans le Livre des morts, « faire toutes les transformations qu'il lui plaira. »

Afin de voir comment va s'opérer la résurrection, retournons au corps que la sentence d'Osiris a remis en possession de son cœur, principe de régénération.

« L'Osiris, dit un texte, n'est pas immobile, ses membres ne sont pas inertes. » La mort n'est qu'apparente, une vie latente est en lui ; c'est ce qu'exprime la peinture de quelques momies en état de germination. Isis vient rendre le souffle à la narine du mort et ouvrir son gosier pour que la respiration reprenne son cours ; il a été conservé intact par la momification : « J'arrive, dit-il, ayant fait embaumer mes chairs. Mon corps ne se dissout pas. Je suis complet comme mon père Osiris. L'image du dieu des métamorphoses, c'est celui dont le corps ne se dissout pas. » (*Todtenb.* cliv.) « La terre ne m'a pas mordu, le sol ne m'a pas mangé. » (*Inscr. du temple d'Abydos.*)

L'âme rentre enfin dans le corps et lui apporte la vie : c'est ce que représentent la vignette du chapitre lxxxix du Livre des morts et de petits monuments spéciaux qu'on peut voir au Louvre, salle funéraire, armoire A ; l'âme y est figurée en épervier à tête humaine, voltigeant au-dessus de la momie.

L'homme ressuscite alors et s'écrie : « Je relève mon cœur après l'affaissement. — Je m'envole au ciel et je des-

1. Todtenb. c.

cends sur terre chaque jour. Je me lève et me recommence
parmi les dieux. » (*Todtenb.* LXIV, LXXXIII, CXLIX.) Il est
dieu, en effet, et « se renouvelle pendant des millions d'années (*Denkmal.* III, 255). »

La perpétuité des transformations était à tout instant
rappelée à l'esprit par le scarabée, l'hiéroglyphe du *devenir*, l'amulette par excellence, reproduit à des millions
d'exemplaires dont sont encombrés nos musées. Ce qui,
dans l'Inde brahmanique, était le châtiment des coupables, était en Égypte la récompense du juste ; c'est que
les Égyptiens savaient apprécier la sérénité de leur cli-
mat et la fertilité de leur sol. Selon les termes mêmes
d'une formule qui revient constamment dans les inscriptions funéraires, « ils aimaient la vie et détestaient la
mort. » Un voyage au ciel les séduisait mais le retour
sur terre ne les effrayait pas.

Le rôle solaire de Ptah, qui a été nié, est manifeste.
Sa qualité de dieu primordial et sa forme de momie nous
prouvent qu'il représente le soleil nocturne. Comme
Osiris, avec lequel il se fond sous le nom de Ptah-Osiris,
il a même des titres de soleil diurne : « Ptah, disque du
ciel, qui illumine la double terre du feu de ses yeux. » —
« Roi de la double terre.[1] » C'est afin de bien faire comprendre que le soleil nocturne et le soleil diurne ne font
qu'un, sont une même manifestation du dieu caché.

Sokari à tête d'épervier, coiffé de la mitre à deux plumes appelée *Atef*, est une autre forme du soleil nocturne,
analogue à Ptah, à Osiris et à Tanen, avec lesquels d'ailleurs il se fond sous le nom de Ptah-Sokar-Osiris-Tanen.
Comme Osiris et Ptah, il a l'apparence de la momie,
puisque le soleil disparu est assimilé à un défunt, et,

---

1. Mariette, Abydos I, 39 ; Denkm. III, 229, 287.

pour le motif que j'ai déjà indiqué à plusieurs reprises,
il est primordial ainsi que ces dieux, « dieu grand du
commencement reposant dans la nuit[1] ».

Sokari.

Lorsque le soleil disparaissait à l'horizon occidental du
ciel, il était censé entrer dans l'Hadès, à la traversée
duquel il employait les douze heures de la nuit. La des-
cription de cette région souterraine fait l'objet d'un livre
spécial dont des rédactions plus ou moins divergentes

Le dieu Af dans sa barque.

1. Denkm. IV, 71.

étaient inscrites dans les tombes royales, sur les sarcophages et sur quelques papyrus. Dans cette phase nocturne, l'astre est représenté par un dieu à tête de bélier
nommé *Af*.

Les figures du livre se terminent ordinairement, à
droite du spectateur, par une représentation du passage
du soleil et du mort pour lequel la composition était
rédigée, d'une région dans l'autre, c'est-à-dire une image
du lever de l'astre et de la nouvelle naissance ou résurrection de l'être. Ce dernier, avant sa résurrection, est
figuré sous la forme d'une momie : c'est le *Sahou*.

L'ensemble du livre est divisé en douze sections horaires. Durant chaque heure de nuit, le soleil, que le
texte appelle « le dieu grand, » parcourt dans sa barque
divine un espace déterminé des eaux célestes. A cet
espace céleste répond un champ de l'Élysée égyptien
cultivé par les mânes. Chacune de ces douze circonscriptions horaires a un nom spécial et des habitants par-
ticuliers. Des portes symboliques, par lesquelles passe le
soleil dans sa course nocturne, en déterminent les limites.
Dans ces régions aussi se trouvent le royaume d'Osiris,
et l'enfer ou purgatoire.

Les Égyptiens voyaient dans le *jour* l'image de la
vie ; dans la *nuit*, celle de la mort ; en d'autres termes,
chaque existence était composée de vie et de mort, comme
la durée du jour l'est de la journée et de la nuit.
Dans le coucher du soleil, ils trouvaient le prototype du
terme de l'existence terrestre ; dans le lever de l'astre,
enfin, l'emblème et le témoignage d'une nouvelle naissance.

Ayant donc divisé la nuit, comme le jour, en douze

heures, ils semblent avoir partagé la durée de la mort en autant de périodes correspondantes, mais d'une longueur indéterminée ; c'est-à-dire que, dans les douze *champs* ou circonscriptions horaires de l'hémisphère inférieur, s'effectuaient graduellement les modifications successives par lesquelles tout être était ramené de la mort à la vie.

Ces modifications étaient opérées par des divinités qui, attachées à chacune de ces localités mythiques, personnifiaient les forces de la nature. Mais ces dieux avaient pour fonction principale de faire avancer le soleil dans sa course nocturne, jusqu'à son lever, image de toute naissance. Ils avaient aussi la mission de changer perpétuellement la condition des êtres, en faisant renaître toujours les mêmes âmes dans des corps d'espèces différentes [1].

Les scènes des sarcophages montrent :

1º Les justes divinisés, vivant dans l'adoration du soleil, ou constitués gardiens des bassins dans lesquels les corps s'épurent pour le renouvellement, ou participant au halage de la barque solaire, c'est-à-dire personnifiant ce qu'Hermès Trismégiste appelle les *énergies* qui produisent le changement, le *devenir* ;

2º La barque du Dieu *Af* naviguant dans la région souterraine en fécondant sur son passage la larve des hommes promis à la résurrection ;

3º Les criminels, les *morts* enchaînés, renversés, torturés par Toum, Horus et les Génies qui les assistent, puis traînés à la « demeure de l'anéantissement. » Des

---

1. Th. Devéria, Catalogue des manuscrits égyptiens du Louvre, p. 16 et suiv.

âmes, des ombres sont plongées dans des gouffres de feu où l'on voit aussi des têtes coupées. A ces gouffres président des bourreaux féminins, des déesses à tête de lionne qui, selon les énergiques expressions des rédacteurs égyptiens : « vivent des cris des impies, des rugissements des âmes et des ombres qui leur tendent les bras du fond de leurs gouffres. » On lit sur le sarcophage de Séti Ier cette sentence lancée aux damnés, aux *morts pour la seconde fois*[1] : « Vous ne verrez plus ceux qui vivent sur terre, jamais ! »

Dans les papyrus, comme sur les sarcophages, les scènes concernant les justes divinisés figurent ordinairement dans la partie supérieure ; celles concernant la marche de la barque solaire sont tracées dans la partie médiale, et celles concernant le châtiment des coupables dans la partie inférieure.

---

1. La seconde mort, c'est la fin de l'être, l'anéantissement, châtiment suprême des méchants ; les justes ne descendaient dans la tombe que pour s'y préparer à de nouvelles existences.

CHAPITRE VI

RENAISSANCE DU SOLEIL

Harpakhrat. — Horus sur les crocodiles. — Ptah embryon. — Noum embryon. — Haroëris. — Khepra. — Nofré-hotep. — Imhotep. — Nofré-Toum.

Son voyage nocturne terminé, l'astre se trouve ramené à l'horizon oriental du ciel où il fait sa réapparition en soleil levant et rajeuni dont la personnification la plus éclatante est Horus sous sa forme d'*Harpakhrat*, c'est-à-dire « Horus l'enfant, » représenté avec une tresse pendant sur l'épaule et portant le doigt à la bouche, comme font les petits enfants[1]. Les Grecs, se méprenant sur le sens de ce geste, ont fait d'Harpakhrat Harpocrate, le dieu du silence.

De petits monuments de basse époque représentent Horus enfant debout sur deux crocodiles et tenant un scorpion, un lion, deux serpents et une gazelle ; au-dessus du dieu grimace la tête du monstre Bès qui en cette circonstance paraît représenter la force destructive de la nature en opposition avec l'éternelle jeunesse que personnifie Horus. Une variante de cette représentation nous est offerte par le dieu memphite qu'on a nommé

1. Cf. ci-dessus, p. 58.

Ptah patèque[1] ou mieux Ptah embryon. Ptah embryon
est figuré avec une ou deux faces ; il a l'aspect d'un nain
difforme ; sur sa tête un scarabée est posé à plat. Il
presse deux serpents contre sa poitrine et foule aux
pieds le crocodile ; deux éperviers sont souvent perchés
sur ses épaules, et à sa gauche et à sa droite se tiennent
Isis et Nephthys.

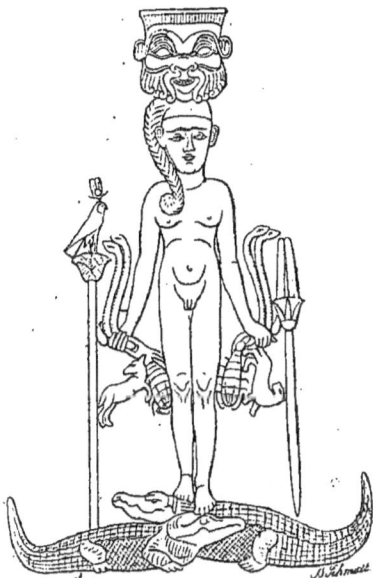

Horus sur les crocodiles.   Ptah-embryon, sur les crocodiles.

On rencontre également des représentations de Noum
embryon.

Cette apparence de nain, d'embryon domptant des animaux malfaisants prêtée au soleil dont ces divers dieux
sont des formes indiscutables, doit exprimer la renaissance de l'astre, sa réapparition à la vie résultant de sa

1. On lui a donné le nom de Patèque parce qu'Hérodote en le
décrivant (III, 37) l'a comparé au Pataikos que les Phéniciens pla-
çaient à la proue de leurs trirèmes : « Pour en donner, dit-il, une
« idée à qui ne l'a pas vu, c'est l'image d'un pygmée. »

victoire sur les ténèbres et les puissances du mal ; il s'a-
vance escorté des deux déesses protectrices[1].

Noum, embryon.

Horus l'aîné ou Haroëris, en égyptien Har-our, se
distingue de l'autre Horus en ce qu'il est, non pas fils,
mais frère d'Osiris ; c'est une forme antérieure à Harpakhrat, un soleil nocturne comme Osiris : « Harour, le
grand, ouvre l'Amenti ; il illumine la région inférieure
par ses splendeurs, et les âmes dans leur demeure se-
crète, il rayonne dans leur retraite[2]. »

Horus prend possession de l'héritage d'Osiris, il s'empare de la couronne des deux lions (couronne de la double
force, cf. supra. p. 25), il est sur le trône de son père,
il a la tête de l'épervier[3], il s'élance dans le ciel et fait la

1. Cf. suprà, p. 32.
2. Cf. Lefébure, chap. xv du Todtenb. p. 82.
3. Todtenb. LXXVIII, passim.

vérité[1] en dissipant les ténèbres, en repoussant les mauvais principes, en écartant les causes du désordre et

Haroëris.

du chaos : « Horus repousse les compagnons de Set qui, voyant le diadème placé sur son front, tombent sur leur face[2]. » Il « fait les choses[3] » c'est-à-dire reconstitue le monde, car chacun de ses levers est comme une création nouvelle, et le *monde* est parfois désigné par l'expression « *les choses établies*[4]. »

Le soleil renaissant est aussi représenté par le dieu Khepra, ou mieux Khepri, dont le nom signifie « le se transformant » et est écrit par le scarabée : le corps de ce dieu est surmonté d'un scarabée en place de tête[5].

1. C'est son rôle d'Horus-tma ; Cf. suprà, p. 18.
2. Todtenb. cxxxiv, 7.
3. Cf. suprà, p. 18.
4. Cf. Brugsch dans Zeitsch. 1868. p. 125.
5. Cf. suprà, p. 66, ce qui a été dit du scarabée.

On lit au chapitre XXIV du Livre des morts : « Khepra
se transforme ou se donne la forme lui-même au-dessus de

Khepra ou Khepri.

la cuisse de sa mère, » ce qu'un papyrus du Louvre déve-
loppe ainsi : « La majesté de ce dieu grand atteint cette
« région (la douzième du monde souterrain, répondant à
« la douzième heure de la nuit), qui est la fin des ténè-
« bres absolues. L'enfantement de ce dieu grand, quand
« il devient en Khepra, a lieu dans cette région... Il
« sort de la région inférieure, il joint la barque *mad*, il
« se lève aux cuisses de Nout. » On lit dans un papyrus
de Turin : « Je suis Khepra le matin, Ra à midi, Toum le
soir. » Il est dit de Khepra, comme d'Horus, qu'il produit la vérité et il se fond avec ce dernier sous le nom
de « Harmakis-Khepra qui se donne la forme à lui-
même[1]. » Le rôle de Khepra est résumé par cette figure

1. Denkm. III, 241.

que l'on rencontre au sommet de quelques naos osiriens :
le scarabée au milieu du disque émergeant de l'horizon.

Il est bien entendu que chaque dieu fils, chaque troisième membre d'une triade est une personnification du
soleil renaissant : c'est ainsi que Khons, fils d'Ammon et

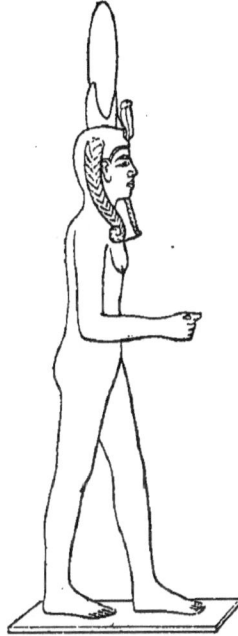

Khons, enfant.

de Maut, joue à Thèbes le même rôle qu'Horus à Abydos,
que Hika à Esneh, etc. Consacrons cependant une men-
tion particulière à Nofré-Toum, à la forme d'Osiris appelée Nofré-hotep et à Imhotep, trois divinités qui n'ont
pas encore été suffisamment définies.

Nofré-hotep est représenté par ses statues debout en
marche. « Il est svelte et élancé, » dit M. Mariette. Il a
pour coiffure la perruque bouclée que surmonte le pschent,
insigne de la domination sur le sud et le nord. C'est un dieu
fils, « Nofré-hotep, l'enfant[1]. » .

1. Denkm. iv, 15.

Son nom est expliqué par la variante développée *Nofré-kha-hotep*, « le beau, le radieux, qui se lève heureusement. »

Nofré-hotep.

Il symbolise à Diospolis parva le lever du soleil, la résurrection d'Osiris[1]. « Celui qui se lève heureusement », *kha em hotep* ou « arrive heureusement », *î-em-hotep*, est un titre de dieu fils parce que le dieu fils est un soleil renaissant qui *arrive en paix* ou se *lève en paix* puisqu'il est victorieux de ses ennemies, les ténèbres[2], de là le pou-

1. Cf. Brugsch. *Dictionn. géogr.* 742.
2. « Arrive ou va heureusement, avec succès, *î-em-hotep*, est un souhait de victoire adressé par les dieux aux Pharaons. Ammon dit à Séti Ier (Denkm. III, 127 b.) « va heureusement, ô roi *Ra-mamen*, je t'accorde la victoire sur tous les peuples. » Les succès remportés par l'armée de Papi sont annoncés à plusieurs reprises dans l'inscription d'Ouna par les mots: « Cette armée alla heureusement, » *î-em-hotep*.

voir qu'on lui attribuait de repousser les mauvais esprits ainsi que les maladies dans lesquelles ils s'incarnent ; nous le voyons pour Khons dans la stèle de la bibliothèque[1] et pour le dieu Imhotep (*I-em-hotep*) que les Grecs identifiaient avec leur Esculape. Imhotep, dieu memphite, est la forme ressuscitée de Ptah comme Nofré-hotep est la forme ressuscitée d'Osiris. Il est représenté assis et tenant sur ses genoux un papyrus déroulé ; il est coiffé d'un serre-tête, vêtu d'une longue robe et chaussé de sandales.

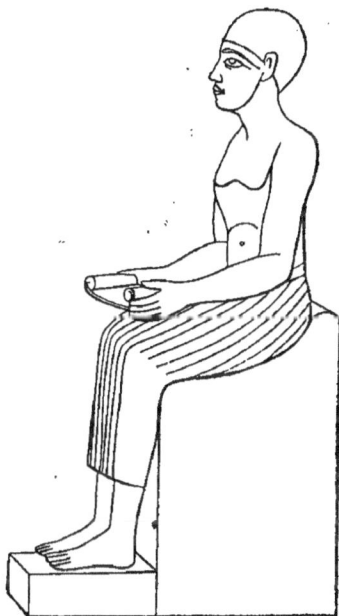

Imhotep.

Nofré-Toum est un Horus « protecteur de la double terre, Horus acclamé ». Représenté debout sur un lion, et fils de Sekhet ou de Bast, il symbolise la force solaire, l'ardeur que l'astre à son lever met à dissiper les éternels ennemis de son œuvre. C'est pourquoi, sur la chapelle D. 29 du Louvre, on le voit sous la forme d'un

1. E. de Rougé, *Stèle de la Biblioth.*, p. 7.

Nofré-Toum.

animal fantastique à pattes de lion, coiffé de la double plume, s'apprêtant à dévorer un homme, type du *seba*,

Nofré-Toum.

de l'ennemi, dont les bras sont liés derrière le dos, et il est appelé « le lion terrible ».

———————

Le soleil réapparaissant à l'horizon oriental du ciel va recommencer sa course quotidienne dont nous venons d'étudier les étapes successives ; en le suivant dans les diverses périodes de son évolution, nous avons épuisé le Panthéon puisque les figures de ce panthéon ne sont autre chose que les personnifications des phases de l'astre qui était pour les Égyptiens le corps même de l'Être suprême.

———————

INDEX

INDEX

ATOUM, Cf. *Toum.*

BA, âme matérielle des sens et des organes, p. 58.

BAAL, dieu asiatique personnifiant la terreur qu'inspire le soleil, p. 46, 47.

BAST, déesse à tête de chatte, forme adoucie de la déesse léontocéphale, p. 25.

BÈS personnifie l'ardeur redoutable du soleil en tant que dieu guerrier. Il est aussi dieu de la musique et de la danse, p. 47. Bès dans la représentation d'Horus sur les crocodiles, p. 71.

BIEN. Identité du Vrai et du Bien, p XI.

BOUTO. Cf. *Ouadj.*

CARTOUCHE. Le cartouche royal est l'hiéroglyphe exprimant le circuit du soleil, p. 41.

CHOSES (Faire les), c'est organiser l'ordre par la destruction des mauvais principes, p. 18 et 74.

CNEPH, CNOUPHIS, Cf. *Noum.*

CYNOCÉPHALE, singe consacré à Thot, p. 13 symbolise l'équilibre de la balance dans la Psychostasie, p. 61.

DÉDOUBLEMENT du dieu solaire, p. 27.

DÉESSES. Elles personnifient ou la lumière du soleil ou l'espace dans lequel il prend naissance et disparaît, p. 27. Elles sont *mère* et *fille* du soleil, p. 31, 32.

DIEU. Dieu créateur, p. VI, éternel, p. VI, insaisissable, p. VI, incompréhensible, p. VI, infini, p. VI, déou d'ubiquité, p. VII, invisible, p. VII, omnipotent, p. VII, unique, p. VIII. On ne connaît ni son nom ni sa forme, p. VII. Il engendre les dieux, p. VIII. Il se manifeste par le soleil qui est son corps, p. IX.

DIEUX. Les dieux sont des rôles, des fonctions de l'Être suprême : ils personnifient les phases du soleil, p. XIII.

DUALISME, DUALITÉ. Cf. *Dédoublement.*

SABÉISME. La mythologie égyptienne a gardé l'empreinte d'un sabéisme très accentué, p. I.

SAFEKH, déesse des livres, p. 15, 16.

SAHOU, nom de la momie, p. 68.

SAOSIS, déesse d'Héliopolis identifiée avec Hathor, p. V.

SATI, compagne de Noum, p. 10, 11.

SCARABÉE, emblème du *devenir* et des transformations, p. 66.

SEB, dieu-Terre, p. 23, 54, 55.

SEBEK, dieu crocodile personnifiant les feux redoutables du soleil, p. 45.

SEKHET, déesse personnifiant la force de la lumière solaire, p. 24, 25.

SELK, forme d'Isis, déesse des bibliothèques, p. 15, 17.

SÉRAPÉUM, tombe d'Apis, p. 4.

SÉRAPIS, contraction d'*Osiris-Apis*, nom d'Apis mort, p. 3.

SET personnifie l'ardeur et la force redoutable du soleil, p. 48. Associé à Horus, il représente le dédoublement du soleil, p. 49. Cf. *Dédoublement*.

SHAÏ, dieu du Destin, p. 61.

SHOU personnifie la force cosmogonique du soleil et se fond dans sa lumière, p. 17, 20-23.

SOKARI, dieu primordial et soleil nocturne, p. 66, 67.

SOLEIL, symbole de la divinité, de son éternel renouvellement ; souverain de l'univers, p. XIII. Dieu se manifeste par le soleil, p. 1 et p. 2. Chaque lever du soleil est un renouvellement de la création, p. 8. La lumière du soleil est une force *double* parce qu'elle réside dans ses deux yeux, p. 24. Fonction du soleil, p. 24. Le soleil entre ses deux protectrices, p. 30, 40. L'ardeur du soleil personnifiée par Harshefi, Mentou et

APPENDICE

APPENDICE

TEXTES ET LÉGENDES MYTHOLOGIQUES

Ament, déesse de l'Occident.

Ament qui cache son seigneur (Mariette, Abydos, I, 17).

Ammon-Ra.

Ammon-Ra qui domine sur la double terre. (Lepsius, Denkm. III, 6). Fécondateur de sa mère (Id.), maître des trônes de la double terre, seigneur du ciel, roi des dieux, supérieur de la collection des dieux (Denkm. III, 7) Roi de l'infinie durée du temps, maître de l'Éternité (Id. III, 13) résidant à Thèbes, dieu grand, régent de la collection des dieux (Id. III, 18), substance de la double terre, (Id. III, 22) résidant dans la double terre, régent de Thèbes (Id. III, 36). Essence double de la double terre (Id. III, 72), maître des dieux, l'unique auguste qui n'a pas son second (Id. III, 81) Ammon-Ra-Harmakhis, dieu grand (Id. III, 125, d) Ammon-Ra-Harmakhis-Toum, seigneur de Thèbes (Id. III, 143). Le seigneur des seigneurs, roi des dieux, père des pères, puissance des puissances, essence double, devenu au commencement. (Id. III, 150.)

Il est représenté avec une tête de bélier sans cornes ni disque dans *Denkmal* III, 191. — Avec une tête d'épervier disquée, il est appelé Ammon-Ra-Harmakhis (Id. III, 210). — Avec une tête de bélier, il est appelé : Ammon-Ra, maître de la grande ardeur. (Denkm. III, 245.)

Maître de la vérité qui a fait tout être (Id. III, 248) Dieu des dieux. (Id. III, 250.)

Ammon voltigeant en forme d'âme au-dessus du lit funèbre d'Osiris : Ammon-Ra, âme auguste d'Osiris, s'unissant à son corps dans le lieu de la renaissance. (Denkmal. IV, 29.)

Chef de tous les dieux, dieu grand, maître du ciel, de la terre, de l'enfer, de l'eau, des montagnes, père des dieux, s'est formé lui-même, commencement des formes, n'ayant pas été formé ; il est le souffle, le renouvellement de toutes choses qui vivent par lui éternellement. (Denkm. IV, 30.)

Roi des dieux, dieu très grand en tant que commencement du devenir. (P. Pierret, Etudes égypt. I.)

Dieu auguste uni à la vérité, dieu unique au milieu de la collection des dieux, auteur des hommes, créateur des dieux, il a amené le Nil pour l'alimentation, il fait vivre les hommes et les intelligents. (Stèle naophore de Turin.)

Ammon-Ra-Horus, protecteur de la double région, possédant la terre depuis le commencement. (Pap. magique Harris III.)

Est la Vérité ton enfanter les dieux ; la Vérité s'unit à ton naos mystérieux ; ta mère l'Œil te protège. (Id. V, 2.)

Dieu se renouvelant et s'engendrant lui-même, levant le bras et portant haut l'*Ale/*, auteur des êtres, producteur des choses, il se fait mystère pour les hommes et les dieux... mystérieux est ton renouvellement dans la collection des dieux qui te font escorte. (Id. IV.)

Les dieux n'ont pas été enfantés, c'est toi qui as enfanté leurs membres entièrement. (Mélanges d'archéol. égypt. I, 72.)

Dieu auguste vivant de la vérité. (Louvre A. 68.)

Ammon-Ra-Toum-Harmakhis, âme du ciel, vivant de la vérité, épervier dans sa barque. (Louvre, A. 92.)

Adoration à Ammon-Ra qui s'engendre dans Héliopolis, qui allonge les jambes, constitue toutes choses, unique dans ses rôles comme avec les dieux, auteur des hommes et des dieux, il a mis le ciel en haut et repoussé la terre. Les hommes sont sortis de ses yeux, les dieux sont devenus à sa parole. (Hymne de Boulaq, traduit et commenté par M. Grébaut.)

Anhour

Anhour, dieu de Thinis, n'est nommé qu'une fois dans le Livre des Morts. (142, 12.)

Anhour, fils du soleil, maître du ciel (Denkm. III, 125.) maître de la force (*khopesh*). (Pap. mag. Harris II, 3.)

Anouké

Dame de l'Asie, résidant à Amon-héri, près d'Ibsamboul. (Brugsch. Dict. géog. 29.)

Dame de la Nubie (Denkm, II, 136.) Dame d'Eléphantine, régente des dieux. (Id. III, 63.)

Nephthys-Anouké dans la ville d'At. (Brugsch, Dict. géog. 6.)

Apap

Le soleil destructeur des impies, étouffeur d'Apap

(Todtendb. XV, 33). Lutte du soleil contre Apap ou les ténèbres. (Id. XXXIX.)

· Les blessures faites à Apap dans l'hémisphère inférieur, dans l'Amenti, à la septième heure de la nuit. (Devéria, catal. des papyrus du Louvre, p. 25.)

Agent de violences, se nourrissant des morts. (Todtenb. VII, 2.)

Bast

La chaleur de Bast. (Todtenb. CXXV, 1.)

Palme d'amour, régente des déesses, compagne du phénix à Habennou, sanctuaire d'Héliopolis. (Brugsch., Dictionn. géogr. 191.)

Génies funéraires

Ces quatre dieux, dit-on à un défunt, sont les enfants d'Horus : Horus les présente à son père Osiris. Ils sont à toi, à tes ordres ; ils t'apportent toutes bonnes choses avec la vérité de parole : ils frappent tes ennemis en tous lieux : tu marches par eux.

Sur quelques sarcophages on les voit présentant, Hapi, le cœur, Khebhsennouf, la momie, Amset le double de l'homme (*Ka*) et Tiaumautef l'âme (*Ba)*.

Hathor

Elle est appelée la déesse aux doux yeux (Chabas, voyage d'un égyptien, p. 227). Dame d'Héliopolis (Denkm. II, 10, 140.), dame de Nefrous (Id. II, 142.), dame du pays de Mafek, à Ouadi Maghara, dame de Kôs, dame du ciel, l'Irrésistible (Denkm. III, 124.), dame d'Edfou (Id. III, 141.). A l'entrée de sa montagne : dame de la sainte région de l'occident (Id. III, 199.), dame de la région de l'occident, œil du soleil. (Id. III, 231.)

Fusion d'Hathor et de Mâ (Denkm. IV, 13.) d'Hathor
et de Safekh (Id. IV, 9.), d'Hathor et de Nehemuait (Id.
IV, 14.), d'Hathor et d'Isis. (Id. IV, 15.)

Soleil féminin (*Râ-t*), dame du ciel, régente des dieux,
dame du devenir au commencement (Denkm. IV, 54.).
La grande dame du disque à double face, œil du soleil,
grande régente, aux transformations nombreuses, dame
du ciel, de la terre, de l'enfer, de l'eau et des montagnes. (Id.) Compagne d'Harmakhis-Toum à son coucher
radieux, elle reçoit son père Ra à son coucher. (P. Pierret,
Etudes égyptol. I, 83.)

La grande qui a enfanté tous les dieux (Temple d'Ibsamboul), Hathor, résidant à Thèbes (Id.) Œil du soleil,
elle est dans son disque. (Champollion, Notices I, 392.)

Le temple de Dendérah, dédié à Hathor, est appelé la
demeure de l'Unique (au féminin, *ua-t*). (Brugsch,, Dictionn. géog. 140.)

Hika

Le très fort, fils de Sekhet, enfant aux multitudes de
naissances. (Denkm. IV, 23.)

Fils de Neit, issu du soleil, résidant à Esneh. (Brugsch,
Dictionn. géogr. 722.)

Horus

L'épervier couronné est appelé maître de la vérité dès
la troisième dynastie, dans la légende de Snefrou. (Denkm.
II, 2.)

Horus résidant à Hebennou, frappant ses adversaires
(Denkm. II, 121.). Seigneur de Mam, de Behen, taureau
seigneur de la Nubie. (Id. III, 45 et 46.) Horus du double

horizon, dieu grand, résidant dans sa barque. (Id. III, 65.)
Double père, Horus du double horizon. Légende d'Aménophis IV. (Denkm. III, 91.) Seigneur de Bak, de Mâhà. (Id.
III, 122.) Horus, fils d'Isis, résidant à Thèbes. (Id. III,
124.) Dieu grand, seigneur du ciel, régent des dieux.
(Id. III, 125.) Harmakhis-Khepra, formateur de lui-même
qui se lève en Toum. (Id. III, 241.) Horus très grand fils
aîné d'Ammon. (Il a la coiffure d'Ammon : Id. III, 287.)
Hor-sam-to, fils d'Hathor. (Mariette, Dendérah IV, 10.)
Harpocrate, fils auguste issu d'Isis, semence divine sortie d'Osiris. (Denkm IV, 25.)

Horus ouvrant la tranchée de la double terre (Louvre,
C. 2 et statuette osirienne du même musée).

Harmakhis, dieu grand, vivant de la vérité, créateur
des êtres, des hommes et des animaux (stèle de Berlin)
Hor-sam-to, maître de la double force, qui s'empare du
ciel par sa puissance (Louvre, amulette E. 4358).

Un fils d'Horus était adoré à Talmis sous le nom de
Malouli.

Hymne à Horus, dans Sharpe 118, 3 : Enfant vieillard
est ton nom, fils de l'œuf (seb) est ton nom, disque lunaire rayonnant est ton nom, fils de Noum est ton nom,
Khepra est ton nom, soir est ton nom, crépuscule est
ton nom, nuit est ton nom, ténèbres est ton nom, dieu
circulant est ton nom, Lune est ton nom, cœur immobile
est ton nom, seigneur de l'hémisphère inférieur est ton
nom.

Double-Horus : Le double Horus est appelé *Djerti*
dans le 5° nome de la Haute Egypte. (Brugsch, Dict.
géogr., p. 508.) Harmakhis dit à Ramsès II, à Ibsamboul :
Je te donne la double force du double Horus et ce qui lui

est échu en partage. (Champollion, notice, I, 61.) *Horus tma*, seigneur de la force. (*Khopesh* Denkm. III, 209, 210.) Ptolémée III, assimilé à Horus-tma, tient une lance avec laquelle il repousse un animal malfaisant. Légende : Horus-tma, vengeur de son père contre les ennemis, pour qu'ils n'existent plus. Il est devant Sokar-Osiris et lui dit : Je viens vers toi, mon père Osiris, moi ton fils, ton fils, Horus vérité... j'ai frappé les... pour m'emparer de la royauté divine. (Denkm. IV, II.) Ramsès II frappant de sa hache des prisonniers à Ibsamboul est dit : Roi du sud et du nord, Horus-tma, seigneur de la force, qui *fait les choses*. (Cf. *suprà*, p. 18 et 74.)

Imhotep

Fils de Ptah, rejeton de Tanen. (Denk. IV, 25.) Fils aîné de Ptah, enfanté par Nout. (Champollion, Notices I, 15.)

A Karnak, Ptolémée IV fait une offrande à la triade de Ptah, Hathor et Imhotep ; cedernier est dit : fils de Ptah dieu bienfaisant, venant à qui l'appelle, donnant la vie à tout le monde. (Denkm. IV, 15.)

Imhotep le grand, fils de Ptah, dieu bienfaisant, produit (*qemam*) par Tanen, enfanté par son flanc qui l'aime. Ptolémée V lui dit : ton vol dans le ciel est celui de l'épervier, ta marche est celle de l'âme auguste, ta venue est celle de l'épervier divin, etc. (Denkm. IV, 18.)

Isis.

La grande, la mère divine, l'œil du soleil. (Denk. III, 220.) Bienfaisante pour son père, favorable à sa mère, épouse et sœur de son mari. (Id. IV, 13.) Mère du soleil. (Mariette, Denderah IV, 16.)

Isis, la favorable, la vengeresse de son frère, elle le cherche sans se reposer, parcourt la terre en se lamentant, elle ne s'arrête pas qu'elle ne l'ait trouvé. Elle fait la lumière avec ses plumes, elle produit le souffle avec ses ailes. Elle est en joie lorsqu'elle a enseveli son frère et ressuscité les restes de l'Immobile de cœur, elle l'allaite, etc. (Hymne à Osiris de la stèle de la Bibliothèque nationale, l. 14-16.)

Le Roi du Sud et du Nord, Isis, la grande mère, première épouse de l'Être bon, divine épouse d'Horus, le taureau fort,... la déesse qui a commencé les divins enfantements. (Mariette, monum. divers 25, c.)

Isis, la divine mère, qui a enfanté toutes choses. (Champollion, notices, I, 193.)

Khem.

Khem, protégé par Neit, puis par Sati, comme Horus par Isis, à l'Ile de Konosso, XIII⁰ dynastie. (Denkm., II, 150 et 151.)

Dieu de Coptos. (XII⁰ dynastie, Denk. II, 149.)

Il porte les titres : Ammon-Ra, fécondateur de sa mère. (XVIII⁰ dynastie, Denkm. III, 119, cf. III, 189.) Fécondateur de sa mère, levant le bras. (Id. IV, 5.) Rejeton bienfaisant, issu d'Isis. (Id. IV, 12.)

Khem-Ammon résidant à Beheni. (Nubie, Ouadi-Halfa.)

Khem-Horus, fils d'Isis. (Champollion, Notices, 1, 35.)

Khem, seigneur de Tatba. (Id. I, 81.)

Khem, l'Horus fort, fils d'Osiris résidant à Abydos. (Louvre, C. 8.)

Khepra.

Toum-Ra-Khepra qui illumine la double terre à sa

sortie de l'Enfer, dieu grand, maître de la Vérité. (Denkm. III, 123.)

Khepra dans sa barque, la substance des dieux est son propre corps. (Todtenbuch, XVII, 74.) Khepra dans sa barque, c'est Harmakhis lui-même.

Khons

Khons dans Thèbes Nofre-hotep, dieu grand, seigneur de Karnak (Il est coiffé du disque lunaire.) Denkm. III, 18.

Khons-Ra, de Thèbes. (Id. III, 243.) Khons-Ra, seigneur de Thèbes, résidant à Karnak. (Il a la coiffure d'Ammon sur une tête d'épervier.) Denkm. III, 245.

Dieu auguste aimant la Vérité et vivant d'elle chaque jour. (Denkm. III, 246.)

Khons-em-ouas-nefer-hotep, Horus au centre de la double terre. (Id. III, 250.)

Khons-Thot, qui réside à Hermonthis, enregistre les décrets du dieu caché. (Id. IV, 11.)

Khons-Thot deux fois grand, seigneur d'Hermopolis, maître de la Vérité, chef de la grande demeure, juge des deux Rehous, concilie les dieux et réunit les deux lots du fils d'Isis. (Id. IV, 14.)

Khons-Thot, le faisant le Bien, dieu grand, maître de la Vérité. (Il a une tête d'épervier surmontée du disque lunaire. Denkm. IV, 31.)

Khons, fils aîné d'Ammon, bel enfant, renouvellement de Ra, fils de sa fille *Noubit*, enfant le matin, vieillard le soir. (Brugsch, Monum. 38, 3.)

Khons-em-ouas-nefer-hotep calculateur de la durée de la vie, donne les années à qui lui plaît,... augmente la durée de vie de qui marche selon sa volonté, demande des années pour qui lui plaît; la vie vient de lui, la santé est en lui, Khons-Thoti, computateur du temps. (Denkm. IV, 9.)

Un Khons ailé foulant aux pieds deux crocodiles est dit : Khons, le grand, issu du Noun.

Ma, *la déesse Vérité.*

Elle est représentée assise sur la corbeille, les ailes éployées, comme Isis et Nephthys sur les sarcophages. (Denkm. III, 202.)

Mâ, placée derrière Khons-Ra, est dite : fille du soleil et compagne d'Ammon dans Thèbes. (Id. III, 245.)

Émanation sainte de Celui qui cache son nom et qui vit et s'alimente de sa vue. Elle dit à l'un des Ptolémées : Je m'associe à Ta Majesté en tout lieu où tu es et ne me sépare pas de toi.

Je t'offre la Vérité, dit un roi à Hathor, je l'élève à ta face, ton corps se nourrit de sa vue. (Mariette, Dendérah, II, 18.) Hathor lui répond plus bas : Je t'accorde que cette terre soit à ton gré, que toute bouche soit munie de vérité; et encore : Je t'accorde que la Vérité soit établie sur ta tête, qu'elle fasse sa résidence à ton front (1).

Il est dit à Osiris : la Vérité est établie pour toi contre tes ennemis, c'est Thot qui te l'a donnée. (Louvre, c. 218.)

La Vérité, fille du Soleil, compagne d'Ammon, Œil du Soleil. (Champollion, Notices I, 212.)

Maut.

Dame du Ciel, régente de tous les dieux. (Denkm. III, 18.)

1. Allusion à l'urœus qui symbolise toute déesse.

Dame d'Asheru. (Id. III, 127). Œil du Soleil. (Louvre A. 68.)

La grande protectrice de la double terre : elle est, sous ce titre, associée à Ammon-Ra-Toum-Harmakhis et à Khons-em-ouas-nefer-hotep. (Louvre A. 92.)

Mehour.

Mehour, à Saïs, désigne le ciel, c'est Neit elle-même. (Brugsch, *Dictionn. géogr.* 364.)

Mentou.

Seigneur de Thèbes. (Denkm. II, 119.) Maître de la double force, taureau de la collection des dieux. (Mariette, Monum. div. 82.)

Il se forme lui-même à son heure. (Id. 61, 4.)

Taureau résidant à Matou, à An. (Champollion, Notices I, 75, 76.)

Merseker.

Régente de l'Occident. (Denkm. III, 217.) On la voit avec la coiffure d'Hathor allaitant Ramsès III. (Id. 218.)

Neit.

Dame du Ciel, régente des Dieux. (Denkm. III, 123.) On la voit allaitant deux crocodiles.

Dame de Saïs, Œil du Soleil. (Brugsch, Monuments 63, 3.)

Nephthys.

Divine sœur, œil du Soleil. (Denkm. III, 124.)

On la trouve avec la coiffure d'Hathor. (Id. III, 202.)

Noum.

Il est représenté, comme Shou, entre le ciel et la terre, sur quelques cercueils : c'est Ammon « mettant le ciel en haut et la terre en bas ».

Il est représenté à Beit Oually avec une tête bleue et des chairs rouges.

Dieu grand, seigneur de l'île de Béghé, roi des dieux qui réside en Nubie, grand roi des enfants de Nout.

Nout.

Fille du Soleil (Lepsius, Konigsb. I), quoique, dans de nombreuses représentations, le soleil soit figuré sortant de son ventre à l'état de scarabée et montant à son visage sous forme de disque. Nout qui enfante les dieux, dame du ciel, régente de la double terre. (Denkm. III, 113.) La très grande fille du Soleil. (Champollion, Notices, I, 446.)

Osiris.

Seigneur des Seigneurs. (Denkm. III, 4.) Être Bon, roi de la vie (Id. III, 123.) Seigneur de l'Éternité (titre constant.)

Hier, c'est Osiris, aujourd'hui, c'est Ra. (Todtenb., XVII, 5, 6.)

Dieu auguste, grand et bienfaisant, prince de l'Éternité. (Gueysse et Lefebure, Pap. de Soutimès, I, 5.)

Ouvreur de la tranchée de la double terre, âme de son père. (Litanies d'Osiris, Todtenb., CXLII.)

Osiris, qui réside à l'occident, siège d'Harmakhis, momie auguste qui réside dans la terre, Chef protecteur des dieux, âme divine qui est au ciel, poids faisant la sauvegarde de la vérité. (Leemans, Monum. de Leide, III, 17.)

La couronne blanche s'unit à sa tête, les deux sœurs divines sont à son front, il s'empare de la double terre par sa propre puissance... La couronne blanche est sur sa tête pour régir le circuit du disque. (Id. III, 18, 19.)

Dieu grand de la première fois. (J. de Rougé, Inscript., 1, 19.)

Il fornique en lui-même en son nom d'âme de l'Occident. O Être Bon ! ta forme est auprès des dieux. Dieu éclatant issu de Seb, fils du soleil, sorti du flanc de sa mère Nout, aîné de sa mère Nout. (Stèle du scribe Thotmès, publiée par M. Rossi.)

Hymne à Osiris de la Stèle, c. 218 du Louvre : O Seigneur qui traverses l'éternité, Osiris, résident de l'Ouest, qui es un Horus doué du *ma-kherou*, seigneur d'éternité, roi éternel, fils héritier, engendré par Seb, premier du flanc de Nout, seigneur de Tatou, roi d'Abydos, chef protecteur d'Ager, seigneur de la joie, très vénéré, âme sainte résidant à Héracléopolis, roi divin se plaisant dans la vérité, plus grand que son père, plus puissant que sa mère, seigneur du devenir en soi, grand des grands, supérieur à ses frères, fils de la couronne blanche, enfanté par la couronne rouge (1), seigneur des seigneurs, chef des chefs, souverain des dieux. La double terre t'a été confiée par la main de ton père Toum. La vérité étant constituée devant toi, tu te réjouis à la vue de ses splendeurs ; c'est Thot qui te l'a conférée, lui dont le pouvoir

(1) C'est-à-dire fils du dédoublement féminin par lequel est divinisée la domination solaire sur le nord et sur le sud. Rappelons-nous que la puissance du soleil lui vient de la lumière qu'il projette sur le sud et sur le nord, dans sa course d'orient en occident, lumière que les riches ressources de l'allégorie égytienne symbolisent tantôt par ses yeux, tantôt par les plumes de sa coiffure, tantôt par les deux parties de sa mitre appelée pschent.

charmeur provient du charme de sa parole (1). Les êtres, tu fais leur place dans la divine région inférieure ; ils implorent ta personne. Ceux qui viennent de millions d'années en millions d'années, finalement, ils abordent vers toi ; ceux qui sont dans le flanc, leur face est vers toi (2). Sans retard, dans toute l'Égypte, certes, on vient vers toi, les grands comme les petits, on vient à toi ; les vivants sur terre abordent vers toi unanimement. C'est toi qui es leur seigneur ; pas d'autre que toi ; cela, ils le proclament, soit en remontant le fleuve soit en le descendant pendant la durée de leur existence. Ta Majesté est le matin de la journée en qualité de Ra. Ce qui est, ainsi que ce qui n'est pas, dépend de toi.

Safekh.

Dame du langage sacré. (Denhm., III, 55.) Dame des écritures, de la construction, dame des maisons de livres. (Id. III, 148.) Elle est appelée *ranen nefert*, c'est-à-dire « bonne nourrice. »

(1) Cette constitution de la Vérité, c'est l'harmonie universlle établie par la prise de possession du gouvernement du monde. Osiris est considéré ici comme un soleil levant (Voir à la fin du texte la phrase : « Tu es le matin de la journée en qualité de Ra, ») exerçant sa fonction de dieu Toum et l'exerçant en vertu du *ma kherou* dont le pouvoir est conféré par Thot, ainsi que le disent les chapitres I et XVIII du *Livre des Morts*. C'est Thot qui accorde au soleil le *ma kherou*, c'est-à-dire le don de faire la vérité » par la parole. La stèle de Metternich dit que Thot a des paroles magiques pour conjurer le venin, pour l'empêcher de triompher des membres malades, de même qu'il conjure, éloigne par la parole, les ennemis de l'horizon solaire luttant contre Ra éternellement.

(2) L'inéluctable loi de la mort n'a jamais été exprimée plus énergiquement dans la littérature antique, et les vers de J. B. Rousseau si souvent cités :

Le premier moment de la vie
Est le premier pas vers la mort.

me paraissent bien pâles auprès de cette apostrophe du littérateur égyptien au dieu de l'Enfer : « Ceux qui sont encore dans le sein de leur mère ont déjà leur face tournée vers toi ! »

Sati.

Dame d'Abydos (Denkm., II, 136, XIIᵉ dynᵗᵉ.), œil du soleil, dame du ciel, régente de la double terre. (Champollion, Notices, I, 154.)

Seb.

Aménophis IV dit qu'il se lève, apparaît sur le trône de Seb pour prendre la fonction de Toum. (Denkm., III, 68.) Seb, père de tous les dieux (Id.), Seb qui réside dans le flanc des dieux grands. (Lepsius, anciens textes du Todtenb., IX), Seb, fils de la terre (Brugsch, monum. 64, 4.)

On voit sur le naos d'Amasis, au Louvre, Seb représenté avec la couronne blanche, et accompagné de sa forme féminine *Seb-t* coiffée de la tresse.

Set.

Seigneur du ciel, irrésistible (*ur heka-u*), fils de Nout, maître de la double force. D'après M. Mariette, le culte de Set était établi à Memphis, dès la Vᵉ dynastie. (Lettre à E. de Rougé, dans la *Revue archéol.*)

Sebek.

Une triade de Sebek et des déesses Tanen et Anit est adorée par Ramsès Iᵉʳ dans la Salle hypostyle de Karnak.

Sekhet.

La grande, aimée de Ptah. (Denkm., III, 178.) Sekhet-Bast, l'irrésistible (*urt-heka-u*). (Id., 210.) La grande, œil du soleil, dame du front (1), régente de tous les dieux, réprimant les adversaires. (Légende du Panthéon de Champollion.)

Dans une inscription de Dendérah (mur extérieur du nord), Sekhet est appelée la Vérité, la Grande, la Souveraine à Memphis, la splendide sans pareille.

Selk.

Coiffée du scorpion, elle est appelée Isis, la grande, dame du ciel, régente de la double terre. (Denkm., III, 177.)

Selk, la grande, fille du soleil (Boîte de momie), Régente des Bibliothèques, dame du ciel, régente des dieux. (Brugsch, monum., 63, 2.)

Femme d'Horus. (Pleyte, Pap. de Turin, pl. 77, 12.)

Shou.

Il dirige le ciel au-dessus de la terre, il l'a élevé pour des millions d'années au-dessus du sol.

Rejeton de Ra, fils aîné issu de ses membres; il parcourt le ciel le matin; Tefnout se joint à lui (à sa tête), et lance la flamme contre ses ennemis pour qu'ils ne soient plus... Il se forme lui-même, n'a pas de mère... Il amène à son père ses yeux et les lui place de ses mains... Il a soulevé le ciel et l'a établi de ses mains. Ce dieu de la première fois se fond dans la lumière de son œil, en dieu An, pour renverser les ennemis de son père (Pap. mag. Harris) Shou est, dans ce texte, assimilé à Ammon et à Horus; il a les deux plumes (l. 4), les deux cornes (l. 7), il s'arme de la pique pour détruire le mal en son nom de Horus-tma (l. 10).

Sokari.

Sokar-Osiris, dieu grand, seigneur de la demeure mys-

(1) *Nebt-há-t* : celle qui est au front de Ra.

térieuse, mystérieux de formes, résidant à Thèbes. (Denkm. IV, 11.)

Dieu grand, devenu au commencement ; toute chose sort de ses membres ; seigneur d'éternité, il se lève avec le jour et se couche avec la nuit. (Id. IV, 71.)

Le Soleil.

Je suis Khepra le matin, Ra à midi, Toum le soir. (Pleyte et Rossi, Pap. de Turin, 133, 10.)

Il s'empare du ciel et, brillant de lumière, il fait commencer les deux régions terrestres à sa naissance. (Denkm. IV., 35 ; Grébaut, Recueil Vieweg, 74.)

Radieux pour les dieux et les hommes, ses deux yeux font vivre chacun (Id. I, 59) ses deux yeux par leur rayonnement donnent la santé à tous les êtres. (Denkm., III, 97 a.)

Ptah, disque du ciel, illumine la terre de l'éclat de ses deux yeux. (Id. III, 287 a.)

Dans l'hymne à Osiris de la Bibliothèque nationale, on lit à la ligne 12 : il monte sur le siège de son père en qualité de Ra, brille à l'horizon, place la lumière à la face des ténèbres, irradie la lumière par sa double plume, inonde de ses feux la double terre en qualité de disque à la pointe du matin. Son diadème coupe le ciel et s'associe aux étoiles, guides de tout dieu.

Tefnout.

Dame du ciel, régente de la double terre. (Denkm., III, 124.) Fille du soleil, elle réside à sa face. (Id., 207.) La bonne sœur, la grande, la compagne de son frère, la jeune, la parfaite, vie de quiconque la voit, grande force (1)

(1) Voyez ce qui a été dit plus haut sur la déesse léontocéphale.

sur la tête de son père. (Champollion, Notices 240, 241.)

Taureau.

Le soleil, le dieu Ra, s'appelle *ka en bakh, mau en Manu*, taureau de l'Orient, lion de Manou. (Stèle de Metternich.) En cette qualité le taureau Ra se nomme *Bakh* « l'oriental » ; c'est le Bacis des anciens adoré à Hermonthis : « Bacis, âme vivante de Ra ». (Brugsch, Dictionn. géogr., 200.)

Un taureau était consacré au dieu Mentou et adoré à Mat, ville proche de Thèbes. (Id., 313 et Denkm., IV, 62 a.) Mentou est représenté par un taureau coiffé du disque et de la double plume.

Shou, taureau, maître de la force. (Brugsch, *Dictionn. géogr.*, 776.) Le taureau *blanc* est le taureau de Shou, le taureau *noir* est le taureau d'Osiris. Osiris était parfois adoré sous le double titre de lion et de taureau. (Id., 878, 962.)

Il est dit du dieu Lunus : Quand il rajeunit c'est un taureau ardent, quand il devient vieux, c'est un taureau châtré (Id., 1023.)

Toum (soleil couchant).

Hommage à toi, soleil à son coucher, Toum-Harmakhis, dieu se renouvelant et se formant lui-même, essence double... Acclamations pour toi, auteur des dieux, qui as suspendu le ciel pour la circulation de tes deux yeux, auteur de la terre en son étendue et dont la lumière est pour donner à tout homme la sensation de la vue de son semblable (P. Pierret, *Etudes égyptol.*, I, 81.)

Saint-Quentin. — Imp. Jules Moureau.